我在中国挺好的

22个外国人与中国的缘分故事

【法】梅洛 Melody Pace 主编

My good time in China

上海教育出版社
SHANGHAI EDUCATIONAL PUBLISHING HOUSE

图书在版编目（CIP）数据

我在中国挺好的：22个外国人与中国的缘分故事 / (法) 梅洛 (Melody Pace) 主编.
— 上海：上海教育出版社，2021.6
ISBN 978-7-5720-0678-4

Ⅰ. ①我… Ⅱ. ①梅… Ⅲ. ①中外关系 – 友好往来 – 通俗读物 Ⅳ. ①D822.2-49

中国版本图书馆CIP数据核字(2021)第120786号

策　　划　陈杉杉
责任编辑　陈杉杉
装帧设计　陈燕静

我在中国挺好的：22个外国人与中国的缘分故事
[法] 梅洛 (Melody Pace)　主编

出版发行　上海教育出版社有限公司
官　　网　www.seph.com.cn
地　　址　上海市永福路123号
邮　　编　200031
印　　刷　上海锦佳印刷有限公司
开　　本　890×1240　1/32　印张 7.875
字　　数　157 千字
版　　次　2021年7月第1版
印　　次　2021年7月第1次印刷
书　　号　ISBN 978-7-5720-0678-4/I·0081
定　　价　48.00 元

如发现质量问题，读者可向本社调换　电话：021-64377165

前言

2020 年 1 月底，我跟老公决定先去旅游，再回我的娘家——法国。万万没想到遇到了一个叫“疫情”的坏东西！老公从法国回中国工作了，我本打算一周后就回去，但更没有想到的是突然不能去中国了。疫情慢慢跑遍全世界，法国不再安全，让我动弹不得，也让我和老公变成了异国恋。整整 6 个月，我没有办法回家，没有办法回到老公身边。在法国，多数时间我就待在家里，偶尔戴好口罩出去帮妈妈买菜。幸好我很忙，白天忙工作，晚上和周末时间开始写这本书。

一开始我不是特别清晰要写什么，只想分享我对中国的爱。突然有一天我意识到，像我这么爱中国的人肯定不止我一个，找到其他人分享我们与中国的故事和经历，不是更有意思么？我联络了其他国家的人，想看看他们与我的想法是否相同，我们所看到的、听到的、感觉到的是一模一样的吗？

这本书让我重新了解了包括我以为很熟悉的朋友。其中

滞留法国期间，在运河边写作

有几个，我们认识了很久，不少是在中国认识的。听了他们的故事之后，我觉得自己以前知道的太少了。这些故事，让我笑，让我感动，让我激动。经历、国籍、年龄不同，但是我们是一个大家庭。我特别感谢他们愿意在这本书中分享他们的故事。

其实我要感谢这本书，因为它让我大开眼界。因为它，我又联络上了老朋友，也找到了新朋友。我发现这 21 位朋友讲故事的时候都说到了“缘分”这个词，描述中国的时候还会说到“家”，我深有同感。能够把他们的故事合在这本书里是很了不起的机会。也希望通过这本书让更多的人了解中国，也了解到外国人对中国的爱。

在法国的这段时间，正因为有这本书的陪伴，我更有信心与耐心等待能够回家的那一天。也让我有时间静一静、想一想，有意识地去回顾十年来在中国的幸福生活。

感谢老公和家人，一直信任我、鼓励我完成这本书。感谢父母，因为有他们，我在法国的时光也很幸福。我有点对不起他们，因为听到我终于能够回中国的消息，我特别开心，他们却舍不得，也很难过。但是他们还是尊重我的选择，让我深深感动。伟大的妈妈和爸爸，让我坚持梦想，最初也是因为他们，我才了解到这个美丽的国家，我的第二个家——中国。

现在终于准备回家了，这本书也即将完成！再次感谢朋友们，希望你们会喜欢。

Melody
梅洛
2020 年 12 月

我在中国挺好的

目录

姓名：Melody

中文名：梅洛

年龄：32 岁

国籍：法国

职业：酒业公司销售总监

在中国：10 年

大熊猫奶妈

Bonjour ~ 大家好，我叫 Melody，中文名字叫梅洛。

我是法国人，也是个湖南媳妇儿！我从小就被中国的历史、美食、文字……吸引，但最初让我爱上中国的是大熊猫。

我有一个小名，就是 Panda。因为我黑眼圈很重，跟我爸爸一样。我们俩都自认为长得很像大熊猫，所以我从小就叫爸爸“大熊猫爸爸”，他叫我“大熊猫宝宝”。现在我都那么大了，他还是这么叫我。

我和我的大熊猫爸爸

跟赵三宝老师学画梅花

我父母很早就让我关注大自然与动物的话题，教我一定要好好保护我们的地球。所以直到现在，这个话题对我来说依然很重要，我也希望更多的人参与进来。

小时候，爸爸第一次给我看大熊猫的照片，我就爱上了它们，想要更多地去了解它们。大熊猫的家在哪里？是中国！ 7 岁的我就这样开始对中国产生了特别的兴趣，并且立志：长大之后一定要去中国！

我渐渐发现中国文化特别迷人，于是拼命地学起了中文，越学越觉得汉字太神奇了。我妈妈是艺术家，她擅长画画。我从小陪着她画画，也对艺术感兴趣，所以我第一次看到汉字的时候感觉像是在看一幅画，好像每个汉字都包含一个深刻的意义，想要讲一个故事。那时候，它们似乎在告诉我即将发生在我身上的故事，让我快点学会它们，尽快发现它们的秘密。从此之后，我对汉字更加好奇了，痴迷地钻了进去。

一开始，很多朋友不理解我的选择，觉得中文也太难了，是一种不可能学会的语言。但是我没有听他们的，反而增加了挑战给他们看的勇气。就这样我开始学起了中文，好像一个大探险家似的，爸爸妈妈一直很支持我。

上大学的时候，我的专业是中文，拿到中文硕士学位。课程全是与中国有关的：历史，地理，翻译，现代汉语与古代汉语，等等。因为对汉字最初的故事（比如甲骨文）很好奇，我还学过中国的考古，业余学习了书法与中国画。因为

和婆婆一起采橙子

爱画梅花，就给自己取名梅洛。我对所有关于中国的事情充满了兴趣，同时我一直关注着我的大熊猫朋友。

现在我的梦想实现了！我第一次去中国时才16岁，那时候是学校组织去的。我与中国一见钟情，一到中国就预感到，这里会变成我的第二个家。我对自己发誓：我一定会再来！

回到法国之后，我开始每天拼命学中文。终于，在18岁的时候，我又来到中国，在南京外国语学校当了两年外教。后来回到法国读硕士，同时拿到了法国与中国的奖学金，又到苏州大学交流学习了一年。每一次都是缘分让我回到中国。

第一次去了中国之后，回到法国我就决定打工，每个周三和周末都会去一家超市当售货员。每年夏天，用打工的钱买往返中国的机票。我跟爸妈说整个夏天（两个月）都准备在中国，爸妈惊呆了，问我："你有钱吗？"我笑着回复他们："我早就准备好了，不用你们担心。"真的很感谢父母一直信任我，放心让我去实现我的"中国梦"。

现在的我已经在中国累计居住10年了！感觉时间过得好快，我真心地热爱在中国的生活。我交了很多中国朋友，他们善良又热情。我跟他们学习太极拳、中国功夫……和他们一起爬山，在山上一起打太极拳，一起喝茶聊天。

很多中国人说我是个"假老外"，觉得我的习惯与性格更像中国人。说真的，我只要离开中国一段时间就会舍不得，就会疯狂想念中国的生活，想念中国菜！看来至少我的“中国胃”也得把我留在中国了。

当然，我还是会思念家人。每次回法国的时候（一年才一两次），我都会送给爸爸一个不同的大熊猫玩具。每次看到有关大熊猫的东西就会想起爸爸，就会很想念他。

他们也来中国看了我几次，似乎是受我的影响，我们一家人都爱上了中国文化。我们家的陈设基本是中国风格，有不少中国的家具、生活用品等。我弟弟的太太也是中国人，我爸爸是李小龙的铁杆粉儿，收藏了他所有的电影。

我举行婚礼的时候，我的家人——爸爸、妈妈、姐姐、姐夫和弟弟都从法国来到湖南，我非常感动。后来我的法国妈妈和中国妈妈相处得像姐妹一样。两个妈妈都喜欢跳舞，法国妈妈是拉丁舞老师，中国妈妈是参加过中国舞蹈比赛的！她们在湖南切磋彼此的舞蹈，我和老公也跟着手舞足蹈起来。那个时刻对我来说温暖而又重要。我还记得两个妈妈开怀大笑的情景，虽然她俩语言不通，但是她们不需要翻译。

我在中国过得很幸福，还因为遇到了我的老公。我老公也叫我“大熊猫”，可能他也觉得我长得像大熊猫吧。我现在是一个非常快乐的中国媳妇儿，快乐有时候就是这样简单纯粹！

我的老公是位西点师，结婚的时候他亲自做了我们的婚礼蛋糕。婚礼那么忙，他还亲力亲为做了一个大熊猫样子的

老公做的婚礼蛋糕

我们结婚啦!

蛋糕，这些贴心的举动让我十分感动。

我和老公都欣赏彼此国家的文化。虽然有不一样的国籍、语言、风俗习惯，但是我们对这些并不在意，两个人的幸福感是最重要的，我喜欢他的微笑。我们俩都很调皮，都喜欢大自然、动物，尤其是大熊猫。但是老公会有一点对大熊猫吃醋，因为我太爱它们了!

我和中国的特殊缘分因大熊猫而起。我一有机会就会去四川成都看看我的大熊猫朋友。

与朋友们在成都喝茶、嗑瓜子

我游历中国时发现，中国有太多美丽又有意思的城市。我很享受能领略到当地的特色和民俗。成都是我最喜欢的中国城市，自由安逸，说不出的舒服。每次在成都，我都会度过很愉快的时光。

我爱中国的古城和老街道，成都就有很漂亮的老街。去茶馆跟朋友坐一坐，看很多人在一起喝茶聊天，好开心、好热闹！即使坐一整天也不会觉得无聊。

第一次去成都的茶馆，我一个人坐着喝茶，突然旁边桌子的几个成都人叫我一起过去坐坐。那时候的我中文还不好，而且他们说的是四川话，我听着很费劲。但是我能感受到他们的热情。他们很主动地给我介绍成都的特色，还买了瓜子教我怎么吃。之前我对吃瓜子一无所知，在法国没有人吃瓜子，所以也很好奇。我把瓜子连壳带肉一起嚼，因为看到他们就是这样直接放在嘴里的。他们盯着我看了一会儿，忽然大笑起来，连说“no，no，no”，我明白过来了……原来如此！瓜子壳是不能吃的，要先把瓜子放在嘴里嗑一下，再把壳吐出来。我成功地吃了1颗，他们已经吃完了10颗……看来我需要多练习。对一个外国人来说，吃瓜子太费劲，不过确实有趣！后来我带了一包给爸妈和法国朋友们试吃，他们都不会！每一次带瓜子给他们吃，都会变成一个热闹、笑话百出的时刻！我跟这些成都朋友到现在还保持着联系。

每次去成都，成都朋友都会带我去尝试很多好吃的。川菜是中国的八大菜系之一，越来越多的外国人知道了四川菜。我在中国已经10年了，但到现在还是会不断品尝到从没吃过的美食。中国菜实在太丰富了！能够闻到新的香味，吃到新的菜式，感受到中国食物的魅力，也是了解中国文化的重要方式之一。说实话，看到那些放了很多花椒的菜，我就有点怕！作为一个湖南媳妇，我现在不太怕辣，但是怕麻，每一次都感觉我的嘴唇变厚了，舌头麻木了。

四川是大熊猫的故乡。在这里，随处可见大熊猫元素，让人充分感受到中国人对国宝的喜爱。在成都大熊猫基地看到它们，让我有一种无法形容的喜悦，总感觉我跟它们有缘分。

“缘分”这两个字对我来说很重要。我相信缘分。我觉得正是因为大熊猫，我才会来中国，来中国才能认识我的老公。

因为跟大熊猫的缘分，我在 2019 年有了最难忘的体验，让我离大熊猫朋友更近了，实现了我的大熊猫梦！

大熊猫这种生物有很长的历史，距今大约为 800 万年。2019 年是中国大熊猫走向世界 150 周年。第一个发现大熊猫的外国人是一位法国人——阿尔芒·戴维（Armand David）神父。1869 年，他在四川宝兴县发现了一只“黑白熊”，从此大熊猫开始进入近现代人类文明的视野。

为了庆祝中国大熊猫走向世界 150 周年，2019 年 11 月在法国举办了“中法大熊猫文化周”，我特地关注了这个活动。因为当时我在中国，没能去参加这次重要的活动有点可惜。但是不久之后，我有幸被选中前往成都大熊猫繁育研究基地，参加第二届“全球大熊猫奶爸奶妈体验活动”（Worldwide Giant Panda Keeper Volunteer Program）。这个活动由央视网熊猫频道、成都熊猫基地主办，全球大熊猫文化传播品牌 Pandapia 协办。

我本是抱着试一试的心态去报名的，没想到居然会被选中，那一刻感到幸运之神降临。这是我最好的圣诞节礼物！

主办方一共选了 12 位来自不同国家的体验者，包括中

我的大熊猫家庭（图片来源：《最萌体验官》节目组）

国、加拿大、美国、巴拿马、日本、英国等。我们这些从四面八方来的外国人有一个共同点——热爱大熊猫，而且每个人与大熊猫都有有趣的故事。对大熊猫的爱把我们集合起来组成了“大熊猫家庭”，多好的一段缘分！

当年的 12 月，我们花两个多星期学习了很多专业饲养知识，接受了各种各样的挑战。那时候的我以为自己在做梦，因为我要当大熊猫的奶奶了！我努力控制住自己的激动情绪后，开始了这次完美的体验。

采摘新鲜竹子给大熊猫吃（图片来源：《最萌体验官》节目组）

现在回想起来，最让我难忘的就是第一天跟着饲养员段老师一起工作。

我们先来到熊猫园区“成年大熊猫第 3 号”，里面有 3 只可爱的大熊猫：点点和它的双胞胎弟弟启启，还有它们一直喜欢和保护的小雅。

我们先叫它们回到笼子里，以便打扫它们的活动场地。当时我离笼子只有一点点距离，感觉它们三个都在盯着我看。它们魁梧的体格让我惊呆了，但是突然，它们发出一声“羊叫”。饲养员说，大熊猫有 13 种叫声，羊叫表示它们很愉快。我竟不知不觉掉下眼泪来，这个时刻太完美，太令我感动。我想：“你开心是因为你知道我要帮你打扫卫生了，是吧？”

我们准备好了就进入它们的活动场，我的心跳得更快、更紧张了！段老师教我们如何分工，并且要把它们之前吃剩的竹子清理干净，再一次性添加新鲜食物。这个动作需要很大的力气，而且要尽快弄完。外面很冷，但干了几分钟我就开始流汗了。

段老师教我清理好大熊猫喝水的地方，然后开始收拾粪便。这项工作是非常重要的，收集完就要称量粪便以检查它们的身体是否一切正常，是否吃少了，等等。每天一只大熊猫能吃 20 至 40 千克的竹子，粪便有 10 至 20 千克，所以可想而知每天需要清理多少粪便。这些操作需要在 30 分钟内完成，既不能让大熊猫饿肚子，又要收拾干净，千万不能

段老师和我们的团队（图片来源:《最萌体验官》节目组）

丢三落四，细节很重要。

我当饲养员的第一天浑身汗津津的，真是佩服饲养员的力气，他们能一下子运送这么多竹子，而且工作效率很高。

知道要做清理粪便这工作，一开始我有点担心会受不了那个味儿，但是我很快发现完全没有问题，因为大熊猫不吃肉，是草食性动物，因此粪便无异味。因为吃的是竹子，便便居然还挺香的呢！老师说：“冰河时代没有肉吃了，很多动物慢慢灭绝了。大熊猫为了生存开始吃竹子，后来就一直吃竹子了。”还是我的大熊猫朋友聪明！没想到有一天我会说：“让我最幸福的事就是收拾大熊猫的粪便。”当我跟家人和朋友说起时，他们不信，但这是真的。

打扫完毕之后，我们让点点、启启与小雅重新回到活动场地。看到它们吃着我们刚放的新鲜竹子，心里就变得很暖，觉得我帮上忙了，能够让它们开心我就满足了。小团队里的其他两位，都带着灿烂的笑容，互相牵着手。这个时刻属于我们，我们不用说话就能明白各自的心情。

这两个多星期，我们一直在这个熊猫园区工作，跟 3 只

制作大熊猫的玩具（图片来源：《最萌体验官》节目组）

大熊猫像变成了老朋友似的，建立了深厚的友谊，一份极珍贵的友谊。

每天晚上我们都会先跟它们打个招呼再回酒店。我们已经能通过观察黑眼圈或肩带分辨出它们是谁，每只都不一样。最容易认出来的是点点：它有 V 形的鼻子，肩带比较窄。点点看起来比较圆，它的胸口有一个黑色的心形点。因为相处久了，我不仅可以认出它的长相，还熟悉它的性格。点点比较活泼，很好动，也很好吃。它的双胞胎弟弟和小雅都比较喜欢睡觉。

当熊猫守护员不仅要知道怎么打扫活动场地和辨认熊猫，还需要观察大熊猫的各种行为，因此老师教我们动物行为研究方法。我对此十分感兴趣，每次都听得特别认真，原来以前知道得太少了，现在求知若渴。如果觉得一只大熊猫行为不正常怎么办？比如它看起来无精打采的，那可能是因为给它做的丰容（增加圈养动物的活动范围和方式，能更好地帮助动物展现出自我行为）不够好，或者不够多，也有可能就是不适合它，而适合另外一只大熊猫，它们都有自己的性格。

一次，饲养员让我们为大熊猫设计一个丰容的玩具。我们小队用到了竹子与绳子等材料，用这些自然工具比较好，更贴近自然环境。我们在竹子里钻了一些洞，里面藏着几块苹果。我们把这个玩具吊在树上，如果大熊猫想吃到苹果，就需要站起来拿，让它得到训练。老师们表示很满意，这让

成都大熊猫繁育研究基地主任张志和给我们颁发证书（图片来源：《最萌体验官》节目组）

和小熊猫说话

我们特别开心！感觉做了一件好事，帮助了大熊猫。

我们的主要目的就是让大熊猫觉得舒服，能够自然生活，最终让它们回归大自然，回到原来的栖息地，扩大野生大熊猫种群，所以熊猫守护员的角色特别神圣。我很感谢基地的工作人员这么专业、这么用心地为大熊猫提供美好的生活环境。动物和环境保护在我心里占有很重要的位置，希望更多的人来关注这些话题。

感谢善良耐心的饲养员教了我们那么多。他们真心爱大熊猫，想尽办法保护它们。以前从来没有想到饲养员工作的艰辛，我从心底里佩服他们。这两个星期跟着饲养员一起工作，让我大开眼界。我也不会忘记我的老师们、小团队以及整个大熊猫家庭！我很幸运、很感恩，千言万语也表达不尽我的感激心情。我们拿着“优秀体验官”的证书回家，无比幸福！

我也特别感谢大熊猫朋友们，因为它们，我才来到了这么可爱的一个国家。我一直在默默关注它们，希望它们不会忘记我这个“奶妈”！

最后我还是要再强调“缘分”这个词。是缘分让我到了中国，让我认识那么多优秀善良的人，让我找到了我的另一半，让我实现了梦想！中国就是我的第二个家，温暖的家，一直在我心里。

姓名：Anaxi

中文名：阿娜西

年龄：35 岁

国籍：拉脱维亚

职业：上海海阳九峰养护院院长

在中国：16 年

养护院的特别院长

今天是个特殊的日子，因为今天是我生日（6月22日），但是我不能也不想庆祝。上周我收到一条很悲伤的消息——我的大学导师突然去世了，今天我要参加他的追悼会。

也许我今天的状态最适合写我的故事。因为我的成长、我的价值观等都来自我的家庭与大学老师们的培养。我所经历的事情和我的家庭造就了今天的我。

今天是我35岁的生日，今天的我是一家养护院的院长。

我来自欧洲东北部一个很小的国家——拉脱维亚。我父母分别是俄罗斯人和拉脱维亚人。我们家庭混合了很多欧洲不同的血统，我的族人哪里都有……因此我高中毕业之后决定读比较“特殊”的专业：Sinology，汉学。为什么选这个专业呢？因为当时我只知道中国是一个很大的国家，是一个多民族、多文化的国家，我有一个大梦想就是去中国探索她的历史和文化。所以我决定去拉脱维亚大学汉学专业学习，没想到很顺利地通过了考试，并拿到了奖学金。

汉学实际上是包含了中国历史、地理、政治、社会、语言等各种领域的学科。大一结束的时候，我被大学推荐拿到了中国政府的奖学金，并获得去上海复旦大学做交流生的资格。当时，19岁的我第一次离开了父母。

到上海的第一周，我遇到了很多好心的老师和同学。他们帮助我适应新的环境，更重要的是他们帮助我办理了各种复杂的入学手续。我后来一直当志愿者，帮助新来的留学生们，帮他们解决各种问题，带他们了解学校的生活和规矩，带他们领略美丽的上海。

实际上，来华的时候我计划读一年书就回拉脱维亚，但是，我迷上了美丽的上海和迅速发展的中国。我想明白了，如果回国，我只能回忆我在中国的过去，触摸现代的中国应该留在当地体验和研究。因此，我决定报考复旦大学法律专业。复旦大学留学生办公室的老师们，以及我尊敬的姚荣涛导师给了我很多支持。我顺利读完了法律本科和硕士（主攻环境与资源保护法），在此期间还多次被老师们推荐并获得了各种奖学金和荣誉。

与敬爱的姚荣涛老师只留下了这一张不太清晰的照片

从在校学习以及毕业后工作算起，我在中国已经生活了十多年。在本科和研究生阶段，我申请奖学金和各种展示自己的机会都离不开姚老师的举荐。首先，因为他，我才选择了读法律。当时我跟复旦法律系的同学吃了一顿饭。席间，姚老师和同学们讲的话题令我很感兴趣，此外，他们的价值观跟我比较接近，姚老师给我留下了深刻印象。我考上了法律系之后，姚老师教我专业汉语。他也是留学生的辅导员，负责学习进度和课外活动。他经常带我们欣赏中国古城，讲古代人的故事，不仅教会了我们专业知识，也教会了我们怎么做人，怎样规划自己的职业生涯。他是一名很低调的学术导师，也是我生命中的“贵人”。

以上就是我的成长经历，是这些造就了今天的我。现在我要介绍我的工作：

海阳九峰养护院是一家位于上海青浦区练塘镇的养老机构——我是中国第一个“洋院长”。

实际上，我应聘的时候，岗位是董事长助理。但是进公司没多久就被分配到九峰养护院做院长。当时我的感受很复杂，有一点紧张，但是我喜欢挑战！我很快通过考试取得了相关的证书，进入了院长的状态。

我们照顾 220 多位老人，大多数老人是 80 岁以上的，有 50 多位老人已经超过了 90 岁，目前年纪最长的是一位 99 岁的阿婆。虽然他们年纪大了，但是身体状况依然很不错！我们经常组织做手工、唱歌、康复运动等活动，养护院

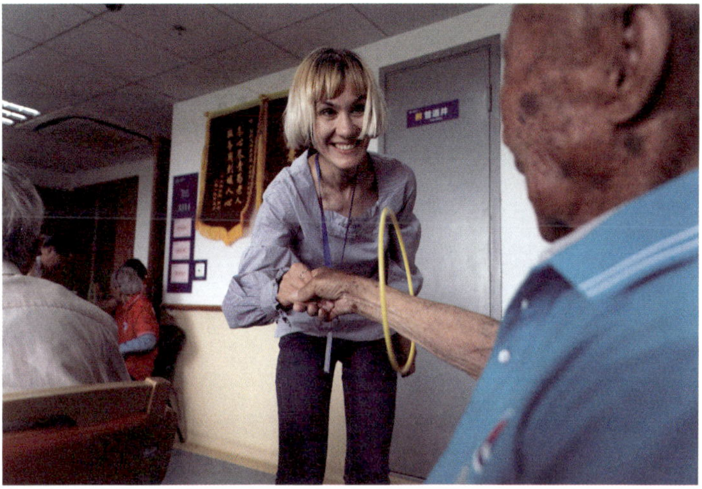

做游戏

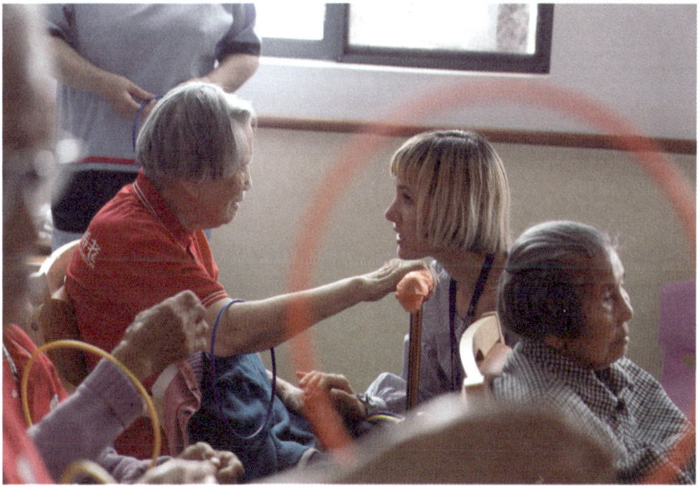

聊聊天

里充满着正能量。每次记者来参观采访的时候，都说这里不像养老院，因为我们这里的老人太开心了！

其实我们这里的老人年轻的时候很辛苦，很多没有读过什么书，现在他们应该好好享受生活。我们团队的目标就是让他们享受晚年生活。比如有一位阿婆，她年轻的时候就失去了丈夫，一个人把四个小孩带大。我认识她的两个儿子，特别孝顺，经常跟我沟通他们妈妈的生活和健康状况。但是也有不太幸福的老人，他们的家人很少来看望，这样的老人比较缺少爱和安全感，所以我们会更多地关心他们，通过心理疏导、游戏和文娱活动让他们适应九峰大家庭，感受到我们的温暖。

最后，我想分享我的感想和我的信念。

我管理 50 多个员工。在管理上，公司给了我很大的支持和信任，不过我也有自己的小技巧：

- 了解清楚每个员工的职责、日常工作内容和安排，并及时解决困难点。
- 跟员工平等交流。
- 让员工从工作中获得成就感和快乐。

我们院里的护理工阿姨工作非常辛苦，她们很喜欢带老人一起玩游戏、一起唱歌；保安师傅也像家人一样守护着老人的安全；院办同事们休息时间到养老生活区陪老人聊天，组织娱乐活动。作为这个大家庭一员的我，很为他们感到骄傲，我的宝贝们都很棒！

在养护院种了各式各样的蔬菜

大家一起来播种

新冠肺炎疫情期间，养护院实行全封闭式管理，家人不能来探望，老人们也不能外出，集中式就餐改为在房间里分散就餐。老人们没有家人探望，不少活动也取消了，怎样丰富他们的生活呢？我决定在院子里的空地上种蔬菜，让所有员工都参与，这样不仅能改善养护院的伙食，还能增强我们的团队凝聚力。我们种什么菜，老人们都会看到，平时也会向我们建议，哪个季节适宜种什么——这方面，他们才是专家。地里的农产品日渐丰富，丝瓜、番茄、南瓜、毛豆等，都是听取了老人们的意见，新鲜采摘回来后就能端上餐桌。来练塘镇上班后，我还知道了这里有“茭白节”。

我想要表达的是：希望更多年轻人抽时间联系一下老人，马上就联系他们，跟爷爷奶奶外公外婆说一声“我想你了”！

我也建议大家周末去养老院陪老人一起活动，或者简单地跟他们聊聊天。这样不仅能够给老人乐观地活下去的勇气和动力，而且在自己忙碌的日子里也会体会到内心的平和、安详，找到新的快乐！

我的目标是改善老人们的生活，希望以后有机会参与养老政策的完善等工作，做养老专家，也希望有机会到国际组织做相关的工作。我目前已经跟中国红十字会开展了合作。

阿婆笑得很开心

名字：Anna

中文名：卢安娜

年龄：16 岁

国籍：俄罗斯

职业：云南大学国际学院学生

在中国：3 年

我的中国妈妈

我妈妈玛丽娜是俄罗斯人，爸爸是中国人。很小的时候，爸爸每年都带我到中国。印象中，我记得有好大好大的湖的杭州、高楼大厦的上海、车水马龙的北京。

我和妈妈最喜欢三亚，我们每年都去。在三亚，有一次我不小心摔倒在浴池边，鲜血直流，经常上战场的记者爸爸也慌了神。最后，他们把我送到当地军队医院缝了5针。妈妈说，出生入死的爸爸都不敢看。还是妈妈勇敢，抱着我流泪。

在三亚，爸爸有个朋友叫卫喜学。我和哥哥基尼斯都叫他“中国警察叔叔”。“中国警察叔叔”对我们特别好。每次去三亚，“中国警察叔叔”都会到机场接我们，送我们去海边的宾馆，给我们买好多好多好吃的东西，还有礼物。

我和哥哥

“中国警察叔叔”的太太，我们叫她“中国妈妈”。“中国妈妈”给我买连衣裙，是那种我特别喜欢的碎花布拉吉。每次的幼儿园新年舞会，我都会换上。“中国警察叔叔”还给哥哥基尼斯买儿童摩托车。我和哥哥经常骑上车，在三亚海边开。

小时候，每年最开心的时刻，当然就是中国春节。一到春节，中国驻俄罗斯大使刘古昌爷爷和奶奶，还有穿军装的伯伯们就会给我和哥哥准备好多好多礼物。中国大使馆会派车来接我们全家。我会穿起礼服，一件带金丝边的白纱连衣裙，这是我姑姑送给我的生日礼物。

我们先到中国大使馆，大使爷爷让司机开着挂着五星红旗的汽车接我们去官邸。刘爷爷通过翻译告诉我，这是我的祖国。我太喜欢我的祖国了！好大的别墅，有湖，有天鹅，还有好多好多的礼品和芭比娃娃。她们会眨着大眼睛对我说：我是中国人。可是当时我听不懂，因为我不会中文。

莫斯科的冬天

小时候

爸爸很忙，忙得与我说话的时间都没有。每天，我们最温暖的时刻就是早上 6 点半，爸爸送我去幼儿园的路上。大雪纷飞，从家里出来到幼儿园有几百米，爸爸抱着我，教我中文，可是我都没记住。时间过得飞快，转眼我就 6 岁了。

爸爸有许多中国朋友。他们对我们一家人非常好，经常邀请我们去吃饭。我们吃的是莫斯科最好吃的中餐，几乎莫斯科所有的中国饭店我们都去过。我还邀请了小朋友带着她们的妈妈一起去。好开心的童年。

但是，我始终有一个疑问：为什么这么多的中国人对我们微笑？无私帮助我们？喜欢我们？我问爸爸，爸爸没有回答。

坐着高铁去旅行

我 14 岁的那年，爸爸送 16 岁的哥哥去了中国。临走时，爸爸妈妈流泪了。2018 年，爸爸突然说，他要送我去中国学汉语，妈妈也是这样决定的。很快，我就进入中国云南大学国际学院学习中文。

在云南昆明，夏天的气温与莫斯科差不多，最热也不会超过25℃。我寄宿在一位中国姑姑家。姑姑今年40多岁，样子好漂亮。

姑姑会做好多好多甚至在饭店才能吃到的菜：火腿清蒸鲍鱼、鱼香肉丝、清炖鲜鱼、珍珠丸子、干锅茶树菇、辣子鸡丁、麻辣肉末米线、凉拌香椿、过桥米线，等等。最好吃的是各种蛋糕。姑姑做的蛋糕花，我差点当成鲜花，因为她是用水果做的，每次我都会吃好多。姑姑没有成家，也没有男朋友，她就陪着我读书。

我还参加了大学课外的舞蹈班。老师是舞蹈学院毕业后自主创业的大哥哥。每天晚上，姑姑会陪我去跳舞，我在里面跳，姑姑就在外面等。有时下雨了，姑姑会开车来接我。

在中国，我学到了很多很多在别处没学到的品德：善良、助人，还有热情。

去年暑假，姑姑带我去了西安。我特别喜欢西安。

可能说到兵马俑大家都不陌生。秦始皇兵马俑陪葬坑是世界最大的地下军事博物馆，也是中国古代皇帝秦始皇陵的陪葬坑。陵园以一号坑、二号坑、三号坑为主，有铜车马、驭手俑、骑兵俑、军吏俑、武士俑、跪射俑、立射俑、车士俑、高级军吏俑等。

西安大唐芙蓉园建于原唐代皇家芙蓉园遗址上，也是中国第一个展示盛唐风貌的大型皇家园林式文化主题公园。

壶口瀑布

这里有非常神奇的水上表演和激光秀,《梦回大唐》的表演非常震撼!

西安华清宫历史悠久,周、秦、汉、隋、唐等历代帝王在此建有离宫别苑,可以游览皇家御花园、避暑胜地、享有“天下第一温泉”美称的华清池。

其实秦始皇陵墓并没有全部挖掘出土,传说墓中有地河天河,全是用水银灌注的,想想都恐怖,水银会蒸发,人去挖会中毒死亡的,到时候要穿上特制的防化服才行。

我和姑姑还去了壶口瀑布。壶口瀑布是中国第二大瀑布、黄河上最大的黄色瀑布。黄河奔流至此,河口收束狭如壶口,故名壶口瀑布。瀑布上游黄河水面宽 300 米,在不到 500 米长的距离内,被压缩到 20~30 米的宽度。每秒 1000 立方米的河水,从 20 多米高的陡崖上倾注而泻,形成

“千里黄河一壶收”的壮观景象。

中国人称黄河为母亲，就像俄罗斯人叫伏尔加河——我的妈妈。

在黄河边有一座中国妈妈的塑像。她是一位神态娴雅的母亲，侧卧在黄河岸边，看护着怀抱中的幼儿。黄河妈妈秀发飘逸，神态慈祥，身躯颀长匀称，曲线优美，微微含笑，抬头微曲右臂，仰卧于波涛之上，右侧依偎着一裸身男婴，头微左顾，举首憨笑，显得好可爱。

黄昏，我和姑姑坐在河边的大石上，看西下的夕阳。大河的尽头，像血色一样的红。我想起了远在莫斯科的妈妈，如果她在我身边会多开心。突然，我觉得妈妈就在我身边，姑姑亦是，这条河亦是。浑身都是温暖的，我终于明白了童年时常问爸爸的那个疑问。

这是我在黄河边上的真实故事。

黄河边的“母亲”

姓名：旗本宪央

中文名：旗本宪央

年龄：29 岁

国籍：日本

职业：广告从业者

在中国：24 年

家，无国界

我叫旗本宪央，读音是 Hatamoto Norio，一般都叫我 Norio 或者 Nori。

我明年就要满 30 岁了，现在在上海从事传播行业。我不喜欢一辈子扑在工作上，而是一个喜欢在生活中找点时间工作的人。在这将近 30 年的人生旅程中，我 2 岁随父母搬到中国，在上海、江苏、广东都待过，因此我同时会说普通话、上海话和广东话。我 23 岁到其他国家工作，又在 26 岁搬回上海，所以加起来在中国待了将近 25 年。

初来中国其实并不是我的决定，当我懂事的时候已经在中国了，我们家由于某些历史原因，对于国籍的概念很模糊。小时候我只知道自己是黄皮肤、黑眼睛的亚洲人，和欧洲人不一样，但是并不知道日本人和中国人的区别是什么，因为在我们家日文和中文混讲，这件事情让我对自己的身份认同问题一直都非常困惑。所以，现在当有人问我“你到底是日本人，还是中国人？”的时候，我既想回答“我都是”，又想回答“其实我都不是”。这真的是一个非常复杂的问题。

23 岁的时候，我偶然得到了去其他国家做市场工作的机会。我的职场从上海延伸到东亚，再到东南亚，又到欧洲，一年要飞 100 多趟，变成了名副其实的“空中飞人”。好在我也乐于探索世界，并没有觉得很累。但那段时光让我这个情感淡薄的人终于懂得了什么是“家”的感觉。那是一种对天天呼吸到的空气的依恋，对弄堂里熟悉的炸物香味的思念，对一些看腻的黄昏的痴迷，即使曾对别人说过“这也没什么好看的，天天看呢”这样的话。无论飞到哪里，总是在必须要发呆的时刻，比如看着舷窗外厚薄不一的层云或是的士外后退的行道树列时，脑中浮现出这些诸凡日常未必会注意的细节，那滋味一一闪现，会在心头轻轻揪一下。原来这就是想家。

我所定义的家，虽然一直都跟随我的足迹变换，但在中国，应该没有一个城市能比上海对我更具意义，可以说我在这里找到了自己的认同，因此我也乐于把上海当作我的家。

不能否认的是，我真的离不开中国菜，或者说是中国菜里的上海菜、广东菜、淮扬菜、山东菜、四川菜、云南菜、贵州菜……中国菜无论从丰富程度、表现艺术、味觉层次、文化底蕴、食材运用等方面，都可以说是在全世界范围内，唯一能和日本料理不分伯仲的菜系了。虽然感觉说这种话好像很对不起我亲爱的 Melody（本书主编），因为法国菜确实也很好吃，但可能我真的是亚洲人中的亚洲人，还是更喜欢吃亚洲锅（wok）做出来的菜。

我经常在全世界旅行，每次都至少一个月，有时候两三个月，让我最难熬的就是吃不到好吃的中餐。我是做与饮食行业相关的工作的，所以我的嘴太挑剔了！虽然知道可能不礼貌，但我在美国也没少数落中餐做得不好的店家。我觉得做不好就别做吧，何必让我带着期望进店，带着失望离开呢？虽然说得有点夸张，但我真的会因为没有好吃的而停止旅行，大不了就回来吃够了再继续玩。怎么办呢？我的舌头已经被中国菜养得太过刁蛮，我真的不知道该感谢，还是该抱怨了，有点哭笑不得。

中国还有另一个东西我很喜欢，就是汉字。可能很多人不知道，日本人是很重视汉字的。日本在很久以前以中国汉字为参考发明了日本汉字。比如“峠”这个字，上山下山，就是山路的意思。除此之外，日本也用汉字发明了自己的词汇，在近代又被引入现代汉语里成为中文，比如“社会”“科学”“物理”等。以汉字为媒介产生的跨国交流，范围远不止中国和日本，还包括韩国、朝鲜、越南等，这是一项很有意思的研究，你会发现只要你会了中文、日文、韩文中的任意两个，你学剩下的那门语言会非常简单。汉字也是少数可以衍生出繁多书法艺术的文字，而且因为是象形字，所以比拼音文字的书法又多出了一层“韵味”。很多人觉得也许教外国人书法只是一种形式上的东西，但本质上书法展现出了汉字最本源的美，更让人着迷。

我很小的时候就自己翻字典，先学会的是注音，后来才会拼音，因为认识中文汉字，所以日文常用汉字我在小学三年级的时候就已经全会了，在日本同龄人中，不用说肯定是识字最多的，就算在中国的同龄人中，我也敢说我认识的汉字数量绝对属于前 5% 的人群。很多时候，同事遇到不认识的字或者不懂的词和成语都来问我。有次我的老板忍不住说："你们怎么一直让日本人教你们中文呢？"

世界上有很多很难学的语言，比如阿拉伯语和丹麦语，我很高兴我从小就认识汉字，因为天知道成年后再学是多么痛苦的一件事！

本来，我在中国旅游过的地方其实不多，总是反复去那么几个喜欢的地方。上海是我的大本营，苏杭这类周边城市和山野湖泽说走就走。因为在广东生活过，所以全省基本都去过，另外浙江、福建、云南也是我经常去的地方，因为美食都很丰富！其他短途旅游还去过婺源、长沙、成都、西安、

日本鹿儿岛的樱岛火山

青海的公路旅行也令人难忘

内蒙古等。我平时旅游都在其他国家，在中国确实很少长途旅行。

但2020年的疫情让我这个旅游狂人没有选择，只好跑去云南大理周围深度游玩，也深深爱上了这里。虽然略有高原反应，天天流鼻血，但那里悠闲的生活节奏、好吃的少数民族菜肴、好朋友开的酒吧，一切都那么美好。第一次，我不想回上海了！我也第一次发现，原来在中国的深度游也可以很有意思。现在我正在青海自驾，一边穿梭在荒漠和盐湖中，一边晚上做些工作，充实又有意思。今年我还打算去新疆和贵州长途自驾，疫情虽然反复，但一个人的旅行不能耽误，从前没看见的中国风景，终于有机会好好探访。

但无论怎么样，全中国我最爱的城市绝对是上海。不是很多人都说上海是“东方巴黎”吗？那可能只是过去的“法租界”这一块给人的感受吧。久居上海的我觉得它更像纽约，是一个大熔炉，虽然没有到全世界的熔炉那么大，但至少是中国的大熔炉，并且也同时在吸收相当数量的外国居民。在纽约，如果你不知道你算是哪里人、什么族裔，你只需要说你是纽约人就可以了。在上海也是一样，我是“上海宁”，不管你认不认同，总有人认同你，这就是一座包容性城市的魅力。

再说一个好玩的事情，上海人真的很“贪生怕死”，这一点我很喜欢。为什么呢？疫情期间，很多地方比如北京，都因为小区管制或者因为出入限制产生过一些小冲突。但这

疫情期间的上海玉佛寺

日本新潟县星峠梯田美不胜收

种事情在上海根本不会发生，因为上海人知道疫情期间出门不安全，所以根本不会尝试出门这件事。我在三月里“冒死”出去拍了几张原本周末熙熙攘攘的安福路，那空旷的街景我还是第一次看到。我想这种“贪生怕死”也是深深刻在上海人骨子里的“讲规矩”吧，不给别人添麻烦，这也是日本人非常认同的价值观念。

我会讲中文，但我终究不是中国人；反过来，我会说日文，但又很少在日本生活，所以始终也不算日本人，我甚至发现我讲的日语已经非常有“昭和气息”，和现在的“平成话”“令和话”有些格格不入。所以这个问题对于我真的太复杂了，纠结了很多年以后我决定放下这些无解的疑惑，当一个上海人就好了。是不是中国人真的不重要，只要你喜欢，你可以在这里过你爱过的日子，这样就足够了。

现在我有爱人了，我们都住在上海，当然一直住下去也没有问题。如果我们有一天决定离开，也不会是一件多值得惊讶的事情，毕竟已经从我单一的愿望变成了两个人的决定。但如果有可能的话，我还是想继续待在上海，因为确实半辈子都在这里度过，这里就是我的家啊，我也懒得再挪窝了。

如果真的要离开中国的话，拜托一定要带走我的山东铸铁大炒锅和铸铁大勺，还有一大堆其他国家买不到的调味料，特别是老干妈辣酱和恒顺香醋。我也要在厨房装强力抽油烟机，绝对不能让烟雾报警器打扰了我做中餐的兴致。这么多年来，我最骄傲的事情就是闭着眼睛都能做出一盘好吃到瞬间抢光的糖醋排骨，这手艺我不忍让它失传！

美国加州“死亡谷”

姓名：Katri

中文名：李香盈

年龄：68 岁

国籍：瑞士

职业：文化交流

在中国：近 20 年中不时在中国居住

走近京剧

我第一次参观京剧院距今整整20年了。当时我不曾料想，在未来的几年里，我会去走访北京的大多数歌剧院，更没想到后来我的硕士论文，会是关于京剧舞台向外国观众情感转移的课题。

但首先，让我来说说这一切是怎么开始的吧。我十几岁的时候，读过林语堂的《生活的艺术》。这本书所展示的文化与我自己的文化大相径庭。我在芬兰北部靠近北极圈的地方长大。很久以后，我开始学习普通话，再后来，又学习了汉学，以便更好地了解中国，尤其是中国的历史和文化。

我的京剧初体验

2000年，是我多次访华之旅的开篇，也是我首次在北京进京剧院。在古色古香的正乙祠戏楼（建于1688年）里，观看了京剧《拾玉镯》。

我当时对于京剧只了解个大概，看到的只是舞台上五彩缤纷的喧嚣。漂亮的服装和生动的肢体语言使我着迷。

京剧是一种由手势、杂技、唱腔、对白和伴奏音乐综合而成的丰富多彩的艺术形式。此外，陈林珏在其与京剧相关的著作中指出，尽管京剧是高度程式化的，但它本质上是现实的，因为许多故事都建立在人们的“希望和奋斗”的基础

《拾玉镯》剧照

上。他认为，这种希望和奋斗基本上是人类共通的，即使观众的文化背景不同，也一样能看懂京剧。我当时能清楚地理解舞台上展示的许多情绪，这种感觉让我颇为震撼。

《拾玉镯》与大多数短小、有趣、以民间故事为基础的戏曲一样，情节很容易理解。这出戏所讲的故事，发生在明代（1368—1644）。年轻女子孙玉娇和妈妈住在一个小镇上，她们靠养鸡为生。第一场戏很欢快，演的是孙玉娇在一块布上刺绣一幅美丽的图景。她手里拿着一块布，但针和线必须凭想象，根本看不见有针线。然后她从一扇假想的门中走出来，在假想的院子里，把假想的鸡赶过来，给它们喂食。这是第二场欢快的戏。

一个英俊的年轻人路过，看见了她。他假装想要买几只鸡，走近腼腆的年轻女子。她害羞地跑进屋里。年轻人故意把自己的玉镯掉在地上，然后躲在一个角落里，想看看这个年轻的女孩会不会再出来。孙玉娇出来，见年轻人已经走了，并发现了地上的手镯。在后来的一场戏中，她围着手镯跳舞，琢磨着如何捡起手镯又不引起别人注意。最后，她弯腰捡起手镯，并把它戴在手上。看到这里，那位英俊的年轻人笑了，相信她对他也有好感。

为什么舞台上没有道具？为什么肢体动作是京剧的重要表现手段？

中国戏曲起源于中国古代，源远流长。京剧自 18 世纪末开始，从各种民间戏曲传统中发展起来，最终成为一种独立的艺术形式。

在早期，剧团会去各地演出，只能带很少的道具和服装。京剧演出常常要在闹市进行。演出期间，观众会来来往往走动、聊天，因此音乐要很响亮。所用的传统古汉语的对白和唱段，即便是说标准普通话的人，理解起来也不容易。于是肢体语言就成为京剧中一种非常重要的交流手段。

梨园剧场

北京前门的建国饭店里设有梨园剧场。这是一个现代化的剧院，有滚动显示屏，显示中英文台词，解释舞台上表演的内容。节目为一小时，由几个著名的短剧组成。要初步了解京剧，除了去北京老城区传统的小戏院外，梨园也是不错的地方。

梨园剧场的解说员以前通常会现场介绍京剧："欢迎来到中国和梨园剧场欣赏京剧。京剧中有音乐、舞蹈、朗诵、美术和武术。京剧的一大特点是象征性。虽然舞台上没有什么布景，但是你可以通过演员的肢体语言理解很多内容。比如：绕着舞台走一圈表示长途旅行，马鞭意味着骑马，桨意味着坐船……亲爱的朋友们，我们相信即使我们说的语言不同，也没太大关系。你们肯定能够欣赏舞台上这个韵味独特的表演，演员的艺术魅力会让你们如临其境的。"

从前，观众可以观看演员在演出前画脸谱的过程。演员们专注于细致地描绘脸谱，但还是会互相玩笑逗乐，剧院解说员现场回答观众的问题。现在不给看了，真是遗憾。

2009 年，我在建国饭店住了 3 个星期，为我的硕士论文《外国人看京剧》搜集素材。在这期间，我被允许免费进入剧院，而且随便想坐哪里都可以。我计划在演出结束后采访观众。但这个计划有欠妥当，因为演出结束后，大多数观众都必须马上赶去乘坐接他们的巴士回酒店，所以他们没有

京剧演员上妆

时间接受采访。

著名京剧演员梅兰芳

梅兰芳无疑是他那个时代最为享誉世界的京剧演员。在20世纪20年代，他去日本、美国巡回演出，30年代去苏联巡演，从而把京剧推广到全世界。梅兰芳深知京剧的许多方面是不熟悉中国文化的人难以理解的，所以在旅行时，他随身携带大量的画卷和图文并茂的绘画作品，帮人们了解演出内容。

按照传统，妇女不允许上台。这与欧洲舞台大同小异。

在欧洲，直到 16 世纪文艺复兴晚期，都是由男性或阉割者扮演女性角色。在中国，这个传统较之欧洲多延续了三四个世纪之久。梅兰芳就是扮演女性角色的，京剧中叫“旦”。

旦这个角色变成了梅兰芳性格中不可分割的一部分。据说，他家里来客人时，他的夫人会很难堪。因为她丈夫一会儿是个正常的男人，一会儿又变成一个羞答答的年轻女子，举止和声调都跟女人一模一样。

梅兰芳于 1961 年 8 月逝世，但你可以在 YouTube 上观看他的表演。但让人感到败兴的是，网络上的视频影像资料大多质量很差。

梅兰芳家的四合院

梅兰芳的住宅是传统的北京四合院，现在已经变成了博物馆。想要了解梅兰芳这个最重要的时代文化巨擘之一的生平事业，到这个博物馆看看，最好不过了。

梅兰芳大剧院

梅兰芳大剧院建于 2008 年。这家剧院上演另一种京剧流派——根据中国早期历史改编的历史剧。演出持续数小时，通常要连续两个晚上上演。在这类京剧中，最重要的表现手法是唱腔和对白。

今天，在中国的大陆和台湾地区，京剧演出都是在专门为京剧而建的现代戏院进行，气氛与小剧场大不相同。去看戏的大多是中国戏迷们。他们有时不远千里，就为去看自己最喜欢的演员的表演。

我曾和要好的当地朋友一起，看过梅兰芳大剧院的京剧演出，我是那里为数不多的几个“黄头发的大鼻子”老外（中国人用这个词指外国人）之一。多亏有我朋友耐心地帮助我了解故事的历史背景，解释演出期间舞台上服装、脸谱和动作的象征意义，我才不至于如坠云里雾里。全神贯注地看了三四个小时后，我们两个都累得筋疲力尽。这种京剧艺术对观众要求很高，但绝对是一种受益良多的体验。

在北京梅兰芳大剧院留影

梅兰芳大剧院的舞台及舞台前的乐池

京剧音乐

京剧中的音乐不是专门为某个故事而创作的。可以根据戏剧的场景，随便借用众人熟知的传统曲调和声音模式，并对其进行修改。自然界的声音，像是风声、雨声、雷声以及动物的声音，也出现在伴奏乐中。不管使用哪些乐器，音乐都必须成为一个和谐的整体。

歌词是根据曲调写的。音乐由打击乐器、弦乐和管乐器组成的管弦乐队演奏。打击乐器为舞蹈和打斗场面增添了节奏感；弦乐和管乐器伴随着演唱和吟诵。据中国戏曲学院徐城北介绍，一场好的演出 30% 依靠演技和唱功，70% 靠音乐。根据角色的不同，演唱时可以用真嗓，也可以用假嗓。

在传统小戏院里，为京剧表演伴奏的乐师通常坐在舞台右侧

徐城北还说，吟诵在于讲故事，唱腔的目的是抒发情感。

京剧中的象征意义

到了明朝，京剧表演中使用的大多数服装都已被程式化和严格地标准化了。由于剧团没有太多的钱配备戏服，演员们不得不重复使用旧服装。这可能是京剧中的某一类角色始终穿一种服装的原因之一。传统舞台只有油灯照明，这是脸谱和服装色彩浓烈的部分原因。

京剧的化妆、脸谱、服装以及道具等都具有鲜明的象征意义。观众对其象征意义了解得越多，就越能理解舞台上的故事情节。从化妆和脸谱上，可以清楚地看出被饰演的角色的内心世界；通过演员的服装和举手投足，可知被饰演的角色的社会地位。

根据剧目的不同，会选择风格老一点的或新一点的戏服，也会选择很少见的戏装。在 20 世纪二三十年代，梅兰芳创造了一套全新的戏装和发型。

中国戏曲学院

现在京剧又以传统形式演出了。今天，中国政府把京剧视为“中华文化的瑰宝”。在全国各地，有各类学校培养京剧演员。

一位当地朋友邀请我去中国戏曲学院观摩期末考试。朋友的父亲是京剧演员，也是这所学院的老师，邀请是他出面安排的。在去主楼的路上，我们能看到或听到学生们在练习面部表情、背诵和演唱。看完期末考试，我们去了体育馆，那里有杂技演员训练。那是一次非常特别的经历。

这次校园观摩时，我有机会采访了学院领导徐城北。他告诉我，传统上由男性扮演的女性角色，现在由女性扮演了。2009 年，该学院大约一半的学生是女性。徐院长解释说，愿意接受艰苦训练的男生越来越少了。今天，女性也可以扮演男性角色，只要这些角色与她们的才能匹配即可。他相信我们将来可能会看到越来越多的女性扮演男性角色。

一位中国台湾的京剧女演员告诉我，她 11 岁时，父母

京剧学员穿着便服进行期末考试表演

就把她送到一所京剧寄宿学校学习。因为她太好动了，安静不下来。她学习扮演最具男子气概的角色“净”，即强大的国王和勇敢的将军这类角色。

京剧的最新发展

京剧的最新发展，恰恰在于对传统的挑战。李玉刚是一个电视选秀节目的季军和各种艺术奖项的获得者。他自学成材，把传统京剧和现代流行音乐结合在一起。李玉刚扮演花旦，根据所扮演的角色，有时他穿改良的现代戏服，有时穿传统戏服。

李玉刚正在世界各地巡回演出音乐剧《昭君出塞》。它是对一个经典的中国古代传奇美人的故事的当代诠释。这部音乐剧融合了汉代（公元前206—公元220）的音乐和舞蹈风格，以及华丽的服装和舞台效果。李玉刚的曼妙声音和精湛演技，对该剧起到了画龙点睛的作用。

京剧在世界

京剧不仅在中国上演，世界各地都有职业和业余京剧表演团体。只要是有华人社区的地方，就会有华人团体培育自己的文化遗产。京剧是这一文化遗产的重要部分。

几年前，我帮一个朋友组织了一场京剧演出。他是一位

瑞士伯尔尼一个当地的业余团体在表演京剧

训练有素的京剧演员，也是我家乡瑞士一所中国体育学校的老板。他与当地的学生们一起表演了著名京剧《三岔口》。“打功”是这出戏重要的表现手段。体育学校的学生经过刻苦训练，表演得相当出色。他们穿着传统的京剧服装并画了脸谱，只有凑近仔细观察演员的脸，才能看出他们不是中国人。

如今去哪里欣赏京剧

清晨，人们可以看到或听到京剧爱好者在公园或其他空地上练习京剧。他们聚在一起唱、跳。我曾在北京天坛公园观看和聆听他们表演，觉得很不错。对观众，他们大多是礼貌地点点头致意和开心地笑笑。

在北京，梅兰芳大剧院和长安大剧院，通常上演历史剧。

第一次看京剧的人，最好是找个对于丰富多彩的京剧艺术略知一二的人，陪你一道去，他能帮你解释解释。

对于较短的、以民间传说为主的演出，北京有很多小剧场。在天安门广场南边的老城区，有正乙祠戏楼和前门建国饭店里的梨园剧场。湖广会馆和老舍茶馆也是传统的戏院。这些基本上是游客经常光顾的地方，但是也不失为欣赏京剧表演的好去处。

此外，京剧也在电视上播出，例如中央电视台 11 频道。我曾经和上了年纪的中国戏迷一起在电视上看京剧，他们对自己喜欢的剧目百看不厌。有时端详京剧爱好者比看京剧本身更有趣。然而，京剧对年轻一代来说似乎没有什么吸引力。年轻人普遍的态度是“我不懂京剧，也不喜欢看京剧”。

在互联网上，YouTube 上有大量的京剧视频可供选择。有一个梅兰芳介绍京剧的视频，大家有兴趣可以搜索一下。如果你想进一步了解李玉刚，可以看看他的主页。

亲爱的朋友们，借用梨园剧场解说员的腔调，我想说的是，根据我的经验，京剧可以让一群有着不同文化背景的观众，在看戏的短暂时刻，心灵互通。沉醉在京剧的奇妙世界里的那一刻，人们忘记了周遭世界。散场时，观众们仍沉浸在刚刚经历的心灵震撼中，共同的情感经历，让很多人绽露笑颜，不论是当地的男男女女，还是国际游客，都面带笑容离开剧院。到处都有人友好地点头微笑。

京剧真的能在文化之间架起沟通的桥梁。

姓名：Keith

中文名：苏岚

年龄：42 岁

国籍：爱尔兰、英国（双国籍）

职业：柔术教练

在中国：16 年

在路上学习，
在学习的路上

你们好，我是苏岚。我教柔术，和朋友合伙在厦门开了一家健身房。我也是一名翻译，主要是把中文翻译成英文，曾为厦门的金砖五国峰会，以及联合国教科文组织等做过一些翻译工作。我还是一名自由撰稿人，主要写政治类文章，在英国一些大报上发表，例如《晨星报》；在中国时，也为中国国际电视台、《中国日报》撰稿……我的爱好是学习语言。

刚开始，我在大学里报了一个 20 个小时的中文课，但没学到什么东西，主要是靠自学。情况是这样的，我在苏格兰拿到了第一个学位，我想再获得一个学位，但去哪里攻读这个学位，我还没想好。于是我开始考虑要不要去中国学中文。之所以有这样的想法，主要是因为我对这个世界充满了好奇心。我用类似 LingQ 这样的应用程序学习中文很多年，每学会一个词，我都会用中文把它的意思记录下来。就这样，我记录了大约 8.8 万个句子、4.4 万个词汇……现在我正在考虑把这种学习方法开发成一个软件，帮助更多的人学习中文。

我的目标之一是攻读中文博士学位，所以我不断地学习常用汉字，每一天我的中文都有所提高，现在我能读和写中文。当然，我也向中国人学了很多其他的东西。

我第一次来中国是在 2004 年，在这里，感觉什么都跟家里不一样。虽然有一些暂时不能理解的见闻，但我还是很喜欢中国，因为每天我都觉得自己在学习新的内容。那段时间，我时常回想起自己在童年时代学东西的样子。两三岁的时候，我和妈妈住在德国，看到文字时，我根本不知道什么意思。刚到中国，看到中文词汇，我又体会到了儿时的那种感觉，就好像得到了第二次生命，经历了第二次成长，在中文方面的成长。所以，我从一开始就喜欢中国，因为它对我来说是一个巨大的挑战。汉语跟我的母语毫无共同点，中国文化也和我自己的文化大相径庭，学习这些完全不同的东西，真是太美妙了。

自 2004 年起，我开始在亚洲各处旅游，有半年在英国攻读学位。

我第一次来中国，去的是离北京很近的石家庄，在那里待了一年。在那之后，我去南京待了一年半，在北京待了两年，最终在 2008 年来到了厦门。

在中国期间，我读了英国斯塔福德郡大学线上课程的国际关系硕士。与此同时，我看到我的中国学生人手一本政治书。我借来翻阅，发现里面有很多有意思的关于社会主义的内容。看完之后，我专门写了一篇论文。

2017 年我回到英国，在牛津大学进修，读了当代中国研究的硕士。在此期间写了一篇关于中国特色社会主义和“一带一路”倡议的论文。之后，我的这篇论文被翻译成中文登上中国的报纸。

2016 年在新疆

老实说，我开始只是想学一门新的语言，而且我想选最难的语言来学。我当时犹豫要不要学日语，但我想中文看起来似乎更难，也更神秘。我们对中国了解不多，于是我决定学习汉语和探索中国文化。

我有很多有趣的经历。刚到北京的第一天，那是 2004 年，我从机场打了辆出租车直奔石家庄。一开始还可以，我看不出和英国的城市有多大区别，直到进了石家庄，这里简直太拥挤了！

我在石家庄一所大学工作。第一次去餐馆的时候，大家围着一张大圆桌，每个人都拿着筷子。别人给你夹菜这件匪夷所思的事，是每个外国人在中国必定会经历的，那次席间我第一次见识了。我想显得有礼貌一点，所以我把别人夹到我盘子里的所有东西都吃了，于是他们就再给我夹……我就继续礼貌，做到光盘。白酒自然也是少不了的，这太疯狂了！我想我说什么也得喝啊，否则人家会觉得我不识抬举的。校长坐在桌子旁，把手放在我的腿上。我知道这在中国很正常，只是为了证明我们是好朋友。可在英国，你如果这样，大家会极为尴尬，我们不习惯这么亲密。中国学生们也喜欢站得很近跟我说话，刚开始我感觉很不舒服，后来就习惯了。

第一天，有几个亲切的女老师招待我。她们带我参观了石家庄，结束的时候要和她们道别，我就想去拥抱她们一下……对我来说，这平常得不得了，她们整天都和我很亲近，对我很好，我把她们当成了朋友。我走过去拥抱她们

跟老师们去城里逛逛

时，她们中的一个惊得向后跳了一步，而我只不过是想给她们一个告别的拥抱罢了，哈哈。这些就是我一开始时遇到的一些尴尬的场面……

回到英国的第一年，我才意识到了自己的变化，我站得离别人太近了。我和一个朋友谈话，不知不觉地把他从房间这一端挤到了房间另一端，因为我站得太近，他很不舒服就不断往后退。我已经变成半个中国人了。

我喜欢中国人，喜欢他们的聪明，而且他们很少争吵。西方人为了搞清谁对谁错，总是争吵。中国人对很多事情都可以很耐心，这都是心态好的缘故。他们的城市非常繁忙，有多种文化并存。我觉得他们对外国人也很宽容，他们知道我们思维方式不同，他们对我们很有耐心。当我遇到麻烦时，一般来说，总是有人来帮助我。

2013 年在去西藏的路上，与新朋友们杀一盘棋

我喜欢中国的文字体系，即汉字。有一回，我听说有人在考虑将来要使用拼音代替文字，我真心希望这事永远不要实现！汉字系统很好，中国人无论带有什么口音，无论从哪里来，

用的文字都是相同的。即使是完全不同的方言，如广东话，你仍然可以用文字来理解它。汉字学习起来确实很难，这点我承认，但我认为汉字有益于交流，而且它赋予了汉语很多其他附加价值。你可以通过一个字看到很多东西，不仅仅是它的字面意思，还有这个字各个部分的意思。

我明显很喜欢学习语言，学语言让我整天忙得不亦乐乎。而语言和文化是分不开的。当你学习语言时，你也学习了文化。文化如此博大精深，文化熏陶是一个不间断的旅程。通过语言和文化，你还可以学习历史。中文会让我忙活一辈子。

我也喜欢中国的教育，尤其是中国人对教育的尊重态度。在英国不是这样的。在中国，即使是穷人，也会鼓励孩子们学习，用椅子当书桌也要学习……这是对教育的重视。

我还爱中国的发展。早在 2004 年，中国的道路和基础设施不完善。我的同事们很穷，他们连衣服都没几件……我记得和我的中国朋友去农村，那里还没通电。身处中国，目睹它的快速发展，真是太好了。你不知道 10 年后，这座城市会是什么样了，这让人对未来充满希望。心中有希望是一件多美的事。

看到中国现在的便利生活方式，使用微信、支付宝……我真的很欣喜中国在科技方面的进步。中国总是着眼于未来，我觉得现在西方世界有很多东西可以向中国学习。例如如何做物流。

2008 年之前去北京，鸟巢还在建造中

在 COVID-19 期间，我在中国，中国和英国如何处理 COVID-19，我都有所了解。在我看来，中国做得非常成功。他们组织得很好，很多东西欧洲应该向中国学习。

在中国待了这么长时间，我现在不再感到有任何文化冲突了……老实说，我觉得中国是我的家乡，欧洲也是我的家乡。我小时候，6 岁前住在德国，然后去了英国。我爸爸来自比利时，妈妈来自爱尔兰和英国（双国籍）。所以，我很国际化。比起我身上的其他文化背景，我觉得欧洲文化对我的影响最大。

当然，欧洲和中国是不一样的，两种文化我都感受了，我在两种文化里生活感到都很自在。

如果要和其他亚洲国家相比，比如，我有来自日本的朋友，他们很友好，但你永远不会真正了解他们。而中国人不一样，他们真的接受你，让你融入他们的文化、他们的家庭。他们很宽容、有耐心，这点我很喜欢。

我认为中国有一种给予别人信任的文化，他们总是鼓励别人。例如，在我的国家，如果你想尝试做点事，人人都会打击你。就拿卡拉 OK 来说吧。在英国，如果你想唱卡拉 OK，每个人都会对你口诛笔伐；在中国，人们给予我的鼓励多到使我感到惊讶，这就是信任。你可能做得不好，人们当然会发笑，但这并不是你做不好的原因。

在中国待过之后，我觉得自己更谦逊了。中国人很谦虚，他们不炫耀。经常有人对我说："不行，我很不擅长这个。"然后你就会发现他能做得很好。

我学会了谦卑，我在学很多东西，努力成为最好的自己。中国人的团队能和谐相处，也是我学习的榜样。西方人有时会更加强调个人主义，这可能造成不良后果。我们应该学习这种和谐相处之道。

第一次来时，我什么都想念：家乡的美食，跟人用英语交流……当然，我的同事们会说英语，但文化差异太大了。我还想念暖气，因为石家庄的房间太冷了，只有 13 摄氏度。事实上，当时是可以解决这个问题的……但我不知道，我以为正常情况就是这个样，我可不想让别人指指点点，说我是个会抱怨这抱怨那的西方人。我甚至都没法在电脑上打字，手指都冻僵了。我穿着衣服睡觉，还冷得彻骨。后来我才知道，原来是我房间的暖气出了故障，我应该早些请求帮助的。

一开始我还想念亲人的陪伴，想念电视、网络。2004 年还只有电子邮件，没有微信，没有 skype 什么的。我记得有一次打电话给我妈妈，电话费真是贵啊！我也想念父母。

现在，我和我的中国合伙人开了健身房，我想继续开下去。我也想在中国攻读博士学位。我还为中国媒体写文章，我想继续做下去，在中国生活是一个很好的机遇。

如果有一天我搬到另一个国家，我觉得有朝一日我还会回到中国，中国是我的家，是我的第二故乡。即使我没有以上这些打算，我也会回中国来做点事。

教小朋友们学柔术

柔术课堂

我在苏格兰学了20年柔术。2009年我在厦门开了一家健身房。刚开始的时候它只是社会公益性质的项目，任何人都可以免费来训练。我们放了一个捐款箱在那里，想来学习的人，愿意捐钱就捐，多少不限。就这样持续了3年，效果非常好。当时，厦门没有学巴西柔术的地方。对我来说，做这事就像是为社区做贡献。来学柔术的人里，很多甚至没有钱买柔术练功服，我们就送给他们。而且，当时人们对巴西柔术并不了解，他们不知道那是什么。我们有了其他中国合作者之后，就开始开设柔术课。

如果想要一起练巴西柔术，欢迎到厦门市湖滨北路31号中信广场。有大人和小朋友的课，欢迎大家来玩！

姓名：Samia

中文名：萨米娅

年龄：31 岁

国籍：伊朗

职业：金融公司 CEO

在中国：5 年

领略中国城市之美

首先，跟大家简单地介绍一下我自己。我是一个外国女生，住在上海。我是怎么来到这里的呢？嗯……这得从2007年说起。那一年，我爸爸决定到中国开一家公司。我们那时生活在伊朗，我正铆足了劲儿学习，想考进某所喜欢的伊朗大学。后来真的考上了，有两个专业同意录取我，一个是英语，另一个是艺术/绘画，都是我最喜欢的专业。我欣喜若狂，选择了英语专业，因为那所大学就在我住的城市里，也就是说，我上大学不用和家人分居两地。总而言之，我办完了所有必要的手续，万事俱备，就等着9月份开始上课了。我去大学交完文件，回到家时，爸爸说："萨米娅，我和你妈妈想去中国开公司。你想和我们一起去吗？"我说："中国？我除了知道它在亚洲，以及那里的人长什么样之外，其余一无所知。再说，我刚刚考入了自己最喜欢的大学和专业啊！"爸爸沉吟一会儿，对我说："没关系的，先跟我们去看看，权当是旅行，回头再回来上大学。"

我同意了，就这样来到了上海。信不信由你，我一到上海，就喜欢上了这里。那天爸爸去注册公司，他一进家门，我就告诉他，我想留在这里，想学中文。我父母震惊得目瞪口呆，异口同声地说："中文？你确定？汉语可是很难学的啊！"我对自己的想法非常肯定，回答说："我知道汉语难学，但是我百分之百确定自己想学。"于是我回伊朗注销了大学学籍，然后再返回中国学习中文。我在这里读的是上海外国语大学。对当初没有在伊朗上大学而是决定来上海学中文这件事，我从来没有后悔过。由于要返回伊朗办退学手续，错过了上外的开学季，我大学第一学期迟到了两个月。

在我班上，多数学生是“大半个中国人”。什么叫大半个中国人呢？是这么回事，我所有的同学都是中国人，不过他们出生在别的国家。一开始我跟他们真的没法比，达不到他们的中文水平，因为我本来就对汉语一无所知，而且我还错过了两个月的课程。我决定豁出去了，每晚只睡两个多小时，早上八点开始上课，下午三点结束，然后再去语言学校补课，拼命追赶。

那时候，为了让爸爸离办公室近一点，我们住在浦东。你们知道的，上海外国语大学校区是在浦西的。我每天上学路上要花一个半小时，有时差不多两个小时，所以我晚上要七点半或八点钟才能到家。到家后，我冲个澡，吃点东西，就回房间学习。很多时候我学到最后都是伏在书上睡着了。我千方百计战胜自我，一直激励自己要百尺竿头更进一步，争取做最好的自己。

第二个学期可以说是完美无缺的一个学期。那个学期的任课老师给了我很多关心和指导，同学们也很友好。他们在学习上对我的帮助非常大，我们都成了好朋友，一起度过了一段非常美好的时光。令我伤心的是，毕业后大家都各奔东西了。不过我们仍然保持着联系，同学中有些人已经结婚，

复习功课之余

有些人有了孩子，但这并不妨碍我们的关系，我们之间的友谊和纽带是稀世珍宝。

也许你心里会想，这么多年来我为什么一直待在这里，怎么没感到厌倦？坦白说吧，如果你在某个地方，像我一样经历了那里发生过的点点滴滴，游走过那里的风景名胜，和那里的人朝夕相处过，感到厌倦或想要离开几乎是不可能的。

这些年来，除了游览上海及其周边的大部分地区，如朱家角、七宝、甪直古镇、西塘水乡、静安寺、豫园、玉佛寺、龙华寺和宝塔、上海迪士尼度假区、上海长廊、外滩、上海自然历史博物馆、上海博物馆、东方明珠、南京路步行街、人民广场、田子坊、徐家汇大教堂、佘山大教堂、上海科技馆、金茂大厦、新天地……我还去过很多其他城市。我已经游历过的城市有杭州、苏州、温州、北京、济南、南京、新泰、乌鲁木齐、黄山、深圳、广州、长沙……还有更多美丽的城市等着我去探访。

在黄山

在南京的中山陵

我想多参观一些城市，多了解这个美丽的国家。此外，我还认识了很多人，结交了很多朋友。这本书的主编——梅洛，就是其中之一。

我喜欢待在中国，主要原因之一是那些宫殿和雕像，以及它们背后精彩的传说，深深地打动了我。第二个原因是这里的人们，他们以跳舞、打太极和写书法来自我修炼的习惯，也给我留下了深刻的印象。

我永远不会忘记第一次看到男男女女的中国人跳广场舞的情景。你想知道我有没有一起跳吗？当然有了，哈哈！我喜欢跳舞。当看到他们跟着音乐节奏愉快地跳动时，我二话不说就跟着跳起来。我根本不知道怎么跳，只好看一步跳一步。这是我第一次跳中国广场舞，是很值得珍藏的经历。从那以后，每次我看到人们跳舞，都会驻足微笑，因为这让我想起了第一次跳广场舞的情景。

我也忘不了第一次观看几位老爷爷（中国人这么称呼上年纪的男性）在公园里写字的情景。那天是我上大学的第一天。在地铁里坐了近一个小时后，我决定抄近路，从鲁迅公园（在上外附近）里面穿过去。就是在公园里，我看到老爷爷们正一手拿着长杆毛笔，一手提着桶，忙着在地上写字，或者不如说是在地上画画。这令我惊奇，因为我从来没有见过这个阵势。我走过去，想看个究竟，他们不亦乐乎地忙活什么呢？虽然不知道怎么说，但我还是鼓起勇气问一位老爷爷他们在做什么。他听不懂我的意思，怎么告诉他我在说什么呢？于是我开始用手比画。哈哈！几天后，我买了一台电子翻译器。总而言之，在那段时间里，我使出了浑身解数，去理解周围发生的事。经过一番努力，也闹了很多笑话之后，我终于明白了，书法就像太极，它有助于放松身心，而且能强身健脑，也是一种修炼方式。哦，对了，你知道他们提的桶里用来蘸着写字的液体是什么吗？是清水。很有趣吧！因为这件事，我上大学第一天的第一堂课就迟到了，但我觉得这次迟到是值得的。

在我学习期间，有一次爸爸要去济南参观一家工厂，那是我第一次去山东。在济南时，我们去了千佛山。这座山原来叫历山，但千佛寺建成后，就改成了现在的名字。千佛山又称舜耕山，就是因舜耕种过而得名的。在上山的路上，可以看到一些小寺庙和许多佛像（大约 130 尊）。公园里还有个多佛洞，也叫万佛洞。在这个公园里，有 3 个巨大的佛像，山顶上那个金色的是弥勒佛像。

当我站在弥勒佛旁边时，我觉得自己就像一只蚂蚁站在大象旁边。这是我第一次接触佛像，学到了很多佛教知识，心情非常愉快。我了解了慈悲的佛和严厉的佛分别长什么样，知道了每一尊佛都有其象征意义。例如，佛和孩子们玩耍，通常有 5 个不同的形象，象征着来自极乐世界的好运，它也能带来正能量。拿着钵的佛象征着和尚的生活，它的寓意是放弃物质财富和得到涅槃。拿扇子的佛是幸福和快乐的象征，据说摇扇子的寓意是消除烦恼。佛若是拿着一个袋

寺院静思

子，则象征着一个旅行者，一种说法是佛在收集人们的悲伤和痛苦，然后把它们放在这个袋子里；另一种说法是，袋子象征着财富和幸运。如果佛戴有珠子或小球，就表示他是禅修的和尚，珠子也寓指智慧之珠，而小球则是一个财富球，据说它能带来钱财和繁荣。

此外，佛的姿势也有不同的含义。例如：坐姿被认为是爱，象征着思想的平衡和宁静。立佛象征着财富和幸福。如果佛坐在大金块上，那是好运的象征。如果是手持金块的立佛，那就意味着富足和好运……所有的佛都有不同而独特的意义，它们的位置和朝向也很重要。外国人到中国旅游，来之前一定要仔细阅读和储备一些中国文化知识，对其有相当的了解，以免举止失当，冒犯当地人。绝不要把筷子垂直插在米饭或面条碗里。在信仰佛教的人看来，这样做是非常失礼的。

佛教，我想就说这么多吧，因为关于这个伟大的国家要说的太多了。

如果要说出一个我彻头彻尾喜欢的地标，我会说是宫殿。它们的设计和建造方式让人叹为观止。真正让我吃惊的是很多宫殿都异常宏伟，有些宫殿大到即便马不停蹄地走，分秒不浪费，也要一整天才能逛完。你可以用这一整天的时间，品味那融于这座宫殿建造过程的思想和美感。置身其中，看到宫殿的某些细节，你可能会由衷地感到惊叹，无法相信在那个遥远的时代，建造宫殿的人竟会有如此的奇思妙想。中国和伊朗是我能想到的历史最为璀璨的国家。

我想讲讲第一次去北京的经历。北京历史悠久，同时又有着现代化的建筑。北京的古代遗址，如紫禁城，以及其他许多令人印象深刻的所在，集中国古代文化遗产之大成。在这座城市，现代与传统交相辉映。我第一次到北京的时候，穿了条短裤，配一件宽松上衣，这身打扮，招惹了很多目光。一开始我没明白人们为什么看我，因为在上海穿短裤是很正常的，街上的中国女孩，也有人穿短裤配 V 字领宽松上衣的啊。所以我想，为什么每个人都用奇怪的眼神看着我？你们现在都了解我了，我是那种打破砂锅问到底的主儿。我走到一位面带和善笑容看着我的老太太面前，说："你好，奶奶（这是中国年轻人对老年妇女的称呼）！"我能从她的眼睛里看出她对一个外国女孩会说汉语感到很吃惊，但她很和气地回答说："你好，姑娘！""我可以问你一个问题吗？""当然可以。""我怎么了吗？为什么好多人都用不一样的眼光看着我？我不明白为什么！"她让我和她坐在一起，然后微笑着说："姑娘，每个人都认为北京是一个非常现代化的城市，没错，北京很多地方已经十分先进，但是在这个城市的部分区域，人们的思想仍然有些保守，他们难以接受女孩们的某些着装方式。有的人还存在固有的观念，觉得某些装束不合时宜。但你们漂亮又年轻，年轻人就应该打扮得时髦，其实是完全可以理解的。"然后她握着我的手说："如果别人不认同你的穿着或长相，你不必在意或难过，只要自己开心，想怎么穿就怎么穿。年轻人只要知道，我们老年人需要的只是尊重和被爱。如果有北京人看不惯你的穿着打扮，那无非是因为他们认为你没有表现出对中国文化足够的尊重，那是他们的看法。要我看，你是一个漂亮的姑娘，有一颗温暖的心，在乎周围人的感受，这点做得非常好。不过绝不要让任何人夺走你的笑容，影响你的心情。”直到现在，我还记得她那张和蔼的脸和她温暖的笑容，从那以后，我每次去北京，都尽量穿着得体。

总之，北京和中国其他城市一样，有自己的文化尊严，但它们的美丽各有不同。2017 年我又去了趟北京，没有去八达岭长城，而是决定去黄花城水长城。它跟长城相似，但实际上不一样。我太喜欢这儿了，这儿游客很少。有些地方，必须得爬到墙头上去，才能到达城墙的另一段，这让我感到兴奋不已。

北京留影

我父母在中国待了几年就回国了，他们让我哥哥接管了家族企业，因为他大学毕业后也搬到了上海。我帮助哥哥打理公司，但我也希望自己积累一些在其他公司工作的经验，了解其他企业是如何运作的。同时，我一直都很热爱教学，在幼儿园和学校当过将近两年的老师，学生年龄从 17 个月到 8 岁都有。我仍然想念我的那些学生，因为和孩子们在一起以及教英语的经历，对我来说，都是弥足珍贵的。但是，我最终还是开办了自己的企业，因为我毕竟从商并在石油化工行业工作了多年。另外，我还和爸爸合伙做生意。不过，我显然也从未放弃过教学，现在我仍然在网上教成人英语。网上上课跟面授感觉不一样，但它仍然是教学，每一秒我都很享受。我的人生经验是，一定要做自己喜欢的事，充满激情，敢于冒险，始终谦卑。每天你都应该努力学习新事物，开发自己的兴趣爱好，奋勇向前，做最好的自己。永远不要抄袭别人！众所周知，原创的真谛就是与众不同。

我爱中国，尽管中国各城市的街景都很相似，但其实它们的内涵极为不同。虽然有共同的历史传承，但各地却有自己特有的问候方式、传统文化、婚礼习俗和聚会礼仪等。对一个城市了如指掌，不意味着对其他城市有任何了解，换一个城市，你还是会学到不同的东西，并发现属于这个城市的特别之处。

上海的生活，跟别的地方完全不同。人们称上海为“中欧”，因为这里的生活方式非常欧化，而且有很多外国人定居在这里，所以它也被称为中国经济蓬勃发展的“展品”。在这里，我遇到了很多来自世界各国的人，他们中很多至今仍是我的朋友，比如意大利人、西班牙人、捷克人、俄罗斯人、乌克兰人、葡萄牙人、美国人、韩国人、法国人、哈萨克斯坦人、墨西哥人和许多其他国家来的人。生活在一个具有欧洲风格的中国城市，就有这个好处，随处都有文化的交流和碰撞，随处都是特色鲜明的外国人。

上海外滩的夜

姓名：Kevin

中文名：凯文

年龄：27 岁

国籍：法国

职业：学校行政管理

在中国：1 年

国际家庭

我和姐姐梅洛

我会说中文，但是水平不高，如果太复杂就不行了。不过没关系，一到比较难的时候，我就会用手势去表达，每一次都能找到办法沟通。

我是怎么爱上中国的？是因为被我的姐姐影响了，你们应该认识她，她就是这本书的主编。从小就听她给我介绍中国，中国的这个、中国的那个……她的房间里面都是跟中国有关的东西，她那时还每天听中文歌。其实我们全家人都被她影响了，妈妈在客厅里放满了漂亮的中国家具。

16 岁的时候，我第一次跟着爸爸去中国，我们去苏州看姐姐，那时她在苏州大学上学。第二次去中国是参加姐姐的婚礼，在湖南，我也就此爱上了湖南的辣子！那次在中国待了一个月，听她给我介绍她的工作和中国的风俗、生活习惯、奇闻趣事。我真的也爱上了中国，告诉她我也很想跟她一起住在中国。

当时我在法国有点晕头转向，突然发现不知道自己想要做什么，觉得生活少了一些什么……想要寻找一个新的挑战。常常想起跟姐姐在中国度过的快乐时光，因此我就去了厦门。

姐姐和姐夫住在厦门，他们欢迎我的到来，我很感激。

我们总有聊不完的话题

接着，我在集美大学学了一年中文。我觉得真是来对了，在这里，开启了我新的生活。

在厦门的生活有一种说不出的舒服感，好像度假一样。我很喜欢海边，厦门有海又有漂亮的大自然，城市美丽，而且很干净。我在厦门特别喜欢坐公交车，有一条线是在城市上空穿行，从这里看街景美极了，既方便又放松。

刚到厦门的时候我85公斤，2个月后变成了60公斤！不是因为不喜欢中国菜，而是因为那时候我除了“饺子”，什么都不会说，所以一开始经常吃饺子。后来，我慢慢学会了很多喜欢的菜名。

在法国我一般不吃蔬菜，觉得很难吃，但是莫名其妙地在中国爱上了吃蔬菜。中国烹饪蔬菜的方式很多样。现在我回到法国又开始了没蔬菜的日子，迅速胖起来。

在湖南我看到了那么多的辣椒，每道菜里都有，开始肚子真的受不了！但是没有办法，我的嘴巴很喜欢，肚子也被训练得慢慢适应了。

初到中国，我觉得最难的是辨别方位。我常常迷路，也不知道该坐什么车，手机的导航也不会用，着急！还有吃的，既看不懂文字，看图片也不知道是什么菜，什么味道，是否会喜欢。好在我学得够快，不久就掌握了基本的出行技能，也很快找到了喜欢吃的东西和不适合我吃的东西，比如我不能吃有骨头的东西，尤其是鱼，不是不喜欢，而是不会吃。

我喜欢中国的理由太多了!

第一，是“方便”这个词，这也是一到中国让我印象最深、最惊讶的。住在中国，想去哪里，买什么，吃什么……做任何事情既简单又超级快捷！只要有手机就可以了。我在法国本来是那种没有带手机习惯的人，很少看。到中国之后，习惯完全改变，不带什么都行，除了手机。但是一定要另外准备充电宝，不然突然没电了就什么都没有了！现在连充电宝也不用带了，越来越多的商店都提供付费或免费的充电宝服务，充完放回去就可以了。这个小小的服务细节，对我这个外国人来说太了不起了！在欧洲，哪里会有这么神奇的工具，我太喜欢了!

第二，也是我认为最重要的一点——中国很安全。在这里，这么久以来我没有感受到不安全的时刻。即使很晚回家，在深夜的大街上我也丝毫没有压力；地铁同样让人安心，而且干净，只是我怕上下班高峰时间，哈哈——你懂的，人太多。而在法国，出行的时候还是要注意一下，不要随便拿出你的手机，特别是在地铁里和人流量大的地方，因为小偷比较多。

我与朋友谈起喜欢中国的原因的时候，除了以上两点，还有很多:

中国好热闹！我喜欢跳拉丁舞，令我很惊讶的是，每天晚上我竟然都能找到拉丁舞晚会。我以为只有上海是这样，但其实其他城市也一样。你想要参与什么课，什么晚会、展会都很容易找到。我就是这样认识了好几位中国朋友。我的中文进步得很快，得益于他们，他们一直鼓励我。

中国人很友好，他们也有好奇的可爱性格。曾经我每天需要坐一个多小时的公交车到学校。我喜欢用手机玩一个在中国很有名的游戏——“王者荣耀”。某次一个中国人发现我一个外国人竟然也在玩这个游戏，就凑过来坐我旁边，给我看他也在玩一样的游戏！我们就这样一起玩了一小时直到我要下车，赶紧加微信。此后每天晚上回到家，他会跟我联系，然后我们一起玩。通过这样的方式，我又学了很多新词汇，包括游戏中的专业词汇。我们现在还一直保持联系。

中国的饮料品种丰富，随处可以买得到，而且口味好又便宜。我最喜欢柠檬味儿，并且要无糖，因此服务员很替我担心，怕是因为我的中文不好引起的口误，一再确认没有说错吗？不放糖会很酸的哦！因此我特意多学了一句：“我知道很酸，但是我就是喜欢很酸。”每一次都让服务员们哈哈大笑。

中国与法国有很多不同。就拿建筑风格来说，法国巴黎虽然也很好看，但是我个人更偏爱传统的中国建筑。中国的老房子，比如寺庙、茶馆、民居等，跟我们国家完全不一样。北京的故宫，对我有巨大的吸引力。还有中国风的衣服，在法国肯定找不到。据我观察现在中国人也不大会穿，但是我买了几件回法国得意洋洋地穿着。

在湖南，姐姐结婚前一天，她请我们一家人去做按摩。

游园

在厦门过端午节

我以为会很放松、很舒服，没想到痛死了，我想呼救！突然想起姐姐教过我的一句中文“没有关系”，可是记错了意思。当按摩师问我“OK？”的时候，我回答“没关系”。我很后悔，当时不说话就好了。现在跟家人朋友说起这件事的时候，他们都笑得前仰后合。我的皮肉之痛帮我记住了这个教训。

说说我和我太太的故事吧。

她是中国人，我们之间肯定会有文化差异，但是我觉得

我们夫妻俩

宝贝女儿 Shana

那不是挑战，反而是有趣的回忆。比如我们刚交往不久的时候，她说今天晚上我们要跟她的哥哥姐姐一起吃晚饭。我很激动，也很紧张，她要给我介绍她的家人，我一定要好好表现！因此我买了花送给他们，饭后我跟我太太（那时还是女朋友）说：“你的家人很友好，我很喜欢他们！”她诧异地看着我：“家人？这是我的朋友啊！”我很惊讶：

“不是哥哥姐姐吗？”她这才笑我误会了。后来我明白了，中国人说“哥哥、姐姐、弟弟、妹妹”，不一定是家人的意思。可以代表是好朋友……

自从来了中国，我发生了一些变化，最明显的是会做饭了。而且能熟练地使用酱油，还会加一点辣椒，可能是受到湖南姐夫的影响了吧！不过，还是有些想念法式早餐，以前的早餐，我最爱法国的巧克力面包。跟姐姐、姐夫一起住的时候还好，因为姐夫是法式西点师，他每天带白面包或者巧克力面包回来。但是后来跟我太太一起生活了，她早上喜欢吃咸的，我却不习惯，后来我找到了一个好办法，把巧克力夹在馒头里面，居然还蛮好吃，可以说是中式巧克力面包。

姓名：Elena

中文名：爱丽娜

年龄：25 岁

国籍：俄罗斯

职业：瑜伽老师

在中国：1 年

榴莲妹妹

万事开头难，因为中国跟我的祖国太不一样了。

最初我只是想出来旅行，想找一个气候舒适的地方，也不要离我的国家太远。我查了很久，从俄罗斯出发的飞机可以到达哪里呢？突然，看到这个名字——厦门。厦门在哪里？厦门是什么样的？当时我对中国几乎一无所知。我继续查，从厦门的照片上看起来城市特别美，而且天气很好，这一点对我来说很重要，因为我来自俄罗斯的莫斯科，这里的天气冷得受不了，所以想找个阳光充足的暖和地方。我就此下定决心，买了去厦门的机票，同时为即将到来的挑战兴奋不已。

我第一次来厦门只做了停留 3 个月的打算，完全没有想到我竟然深深爱上了这里。以前做梦会梦到去了欧洲，而不是亚洲的某个国家，但是这次我完全改变了想法。3 个月之后，我知道我一定会留下来！真的是缘分让我来到这里，我跟厦门一见钟情。

在中国最初的几个月，我对好多事情不适应，特别是饮食，中国菜与俄罗斯菜的味道完全不同。慢慢地，我发现，其实不是不喜欢，而是我还没有习惯这些味道。俄罗斯菜比较清淡，中国菜是重口味。我住在厦门，经常能吃到海鲜，在俄罗斯没有什么海鲜，因此我的饮食习惯也完全改变了。以前我不爱吃米饭，而现在几天不吃就想念，还有小笼包、大肉包，以及其他的中国传统小吃。我花了3个月的时间逐渐适应了中国菜。

接着，我不仅爱上了中国菜，而且爱上了辣椒！一年后我回到俄罗斯，有一次去看望父母，想为他们做顿饭。我做了几道蔬菜，妈妈说太辣了，她吃不了，我尝了一口，觉得味道很正常，一点都不辣啊。估计是我已经习惯了放很多辣椒，对一般的辣度无感了。

还有个意外收获是“喝热水”！我们在俄罗斯都喝冷水的，来到中国之后，渐渐地，不管外面天气多热，我也必须要喝热水，已经和冷水绝缘了。我觉得当时中国朋友的建议是对的，他们列举了热水对身体的诸多好处。我后来才慢慢意识到，喝热水确实使肠胃很舒服，偶尔喝冰水反倒会肚子疼。我回俄罗斯也是如此，令父母非常诧异。

厦门特别热，我瘦了不少，而俄罗斯太冷，越冷就越想要吃更多东西以储存能量。在俄罗斯我们不怎么用空调，我也不会使用。来到中国之后，特别是夏天，空调变成必不可少的宝贝。厦门的6月，我以为太阳要把我煮熟了吃掉，那时候很怕出门，连出去步行5分钟都不行，必须坐出租。

我的生活习惯变了很多。刚到厦门时，我跟朋友说我是一个特别爱走路的人，不太理解大家为什么总是打出租车去很近的地方。但是一年后，我变成了另外一个人，因为事情太多了，常常跑来跑去，不想浪费太多的力气。你试试夏天在外面走路是不是好像运动了很久一样？所以还是坐出租

和妹妹在中国朋友家聚会

车吧。

我在俄罗斯没有那么多机会和安排与朋友见面，或者出去玩。也不知道为什么，在中国就不一样了，经常跟朋友们约会出游。可能是我学会了中国人的交往方式——像一家人一样经常出去走一走、聚会、聊天。

最初，让我独自沉浸于一种完全陌生的语言和文化确实挺难。我一点中文也不会，完全听不懂，而且感觉厦门街头会说英文的人不多。但同时也觉得这个过程充满乐趣，因为我学到了很多。我喜欢这里的气氛，这是一个宜居的城市，空气新鲜、身心放松，能获得简单的幸福。这次体验意义非凡，与我去过的其他国家差别巨大，因此我决定留下来。

喜欢大自然的我发现选择来厦门选对了，厦门的自然生态保护得很好。我喜欢去看海，让我觉得很温暖。我从对岸眺望鼓浪屿，但是没有去过鼓浪屿，因为游客太多了。在思明区，有很多温暖舒适的地方。厦门的五缘湾湿地公园与白

与朋友们在公园练瑜伽

姐妹俩在漳州海边第一次学冲浪

鹭洲公园十分安静，我常常在这里练习瑜伽。厦门的公园里有各种各样的鸟、姿态奇异的树、不知名却生机勃勃的植物，很多人在里面跳舞或者锻炼身体。公园里这不可思议的气氛让我深深喜爱。另外，我还钟爱着最繁忙的那条路——中山路，热闹极了，有很多小店、许多小吃。就像我以前在电视里看到的中国的样子。厦门的每个地区都有它的特点，就连去一个普通的街巷对我来说也会感到愉快，简单地走一走，看看大家是如何在开心地生活。

对我来说，厦门是全世界最漂亮的城市之一。可惜我还没有很多机会在中国旅游，这是我接下来的头等大事。我的愿望就是去中国不同的城市，吃当地的特色美味，了解每个地方的习俗和文化。希望有一天能够走遍中国的名山大川，加油吧!

我深深地为中国的茶文化着迷。烹茶仪式充满神秘感，这也是中国人生活的一部分。我觉得喝茶能纯净心灵、洗涤心情。在我的国家没有喝茶的习惯，只能找到很难喝的那种英国黑茶。中国有各种各样的茶，每一种茶有其独特的香味、不同的喝法，以及令人难忘的故事。

来到厦门的一天，我走在路上，看到街边有人在喝茶。他们边喝边聊，我能够感觉到他们很快乐、很放松。当我看得出神的时候，他们突然叫我。不会说中文的我问了一句："Me?"他们点了点头，招呼我一起过去喝茶。他们一点都不在意我不会说中文，反而非常热情，这让我特别感动。我专注地看着他们表演茶道，细细品尝着他们沏好的茶，每喝一口，都觉得自己离当地人更近了一些。茶是属于中国的文化，对中国人来说很重要。

喝茶也是一种可以聚在一起的好理由。后来我发现，在厦门如果你要签合同、谈工作，也都是先陪着人家喝茶。真有意思，茶在生活中拥有一个特别的位置。

我喜欢中国传统的节日。因为好像每一个中国传统节日都会跟吃有关系，比如说中秋节要吃月饼，端午节要吃粽子。每到节日，我都能学到很多，因为中国朋友会给我送来点心，有时是汤圆，有时是米糕。我就问："这是什么？"他们都耐心地给我解释，让我觉得特别温暖，也更加喜欢这节日的气氛。出于好奇，我自己也会做功课，去网上查询关于这些节日的传说和典故。

中国人特别重视和喜欢自己的传统节日。有时一些人会穿着传统的服装上街。看着他们庆祝的愉快模样，自己的心情也被感染了。这种场景在俄罗斯完全不可能看见，比如说看到一个人穿 sarafan 或者 kokoshnik（俄罗斯的传统服饰）在街上走，大家会觉得很突兀，但是除了我，哈哈。

学中文之后，我发现中文里的一些道理。我觉得学中文其实没有那么难，其中很有逻辑，好像一种拼图游戏，实在有意思！比如说"木"（tree），你放两个"木"就变成"林"（forest），你放 3 个"木"就变成"森"（lot of trees），就是很多树的意思。汉字也含有很多故事，有时候可以看汉字猜到意思。而且汉字有 64 keys（偏旁部首），可以按照这些 keys 猜到意思。比如，如果我不认识“狗”字，但至少能猜到这是一个动物，因为偏旁是“犭”，俄语就没有这些玄机。

中国人对老人的尊重，是他们文化里很重要的一点。俄罗斯也尊重老人，但是没有做到像中国这样。在中国，会感受到他们是真心想帮助老人，这是传统的力量。另外，我感觉到中国人很爱自己的国家，他们为自己的国家而骄傲，这一点很好！

我在思考，为什么会这么喜欢中国？最主要还是因为——中国人。他们特别友好，拥有平易近人的性格。我刚来中国的时候没有朋友，什么都不懂，几乎要迷路了，但是很多人想帮我，他们都非常乐意这么干，顺便陪我聊聊天，我因此交了很多朋友。这种感受跟我在自己的国家完全不一样。俄罗斯人比较冷淡，没有那么容易能跟他们交朋友。虽然我是一个人来的，但是从没有感觉到孤独。

我有一个双胞胎妹妹。我跟她说了我对厦门的爱，因此她决定过来找我。现在她也住在厦门，还有一个中国男朋友。

中国与我的家乡俄罗斯最大的区别就是——人好多！这一点，最初令我十分惊讶。虽然我在俄罗斯的首都莫斯科生活，但还是觉得没有见过那么多人。当然，厦门没有上海这样的大都市人多，但对我来说，这里的人已经很多了，特别

姐姐和妹妹

是放假的时候，因为厦门是个旅游城市。我现在回到俄罗斯，感觉周围也太安静了吧，是不是哪里不对劲？哈哈！

在俄罗斯很难找到中国餐厅，而且俄罗斯根本没有“小吃”这种东西，而我最爱中国的小吃！不管现在是几点钟，你都可以在路上买到可口食品，太方便了。我最最喜欢的还是榴莲。

第一次吃榴莲是跟我的双胞胎妹妹一起。我们一直都想试试这个水果，但又有点不敢。我们决定一起试吃。我记得很清楚，第一次吃的时候很不喜欢，这味道也太奇怪了……但是第二天一早起床，我也不知道自己是怎么了，特别想再

没有找到我吃榴莲的照片，但是必须 show 一下我对榴莲的爱！

吃一口，之后就深爱上了榴莲，我以后恐怕是离不开它了。我真的很担心回到俄罗斯的时候，那里没有榴莲，怎么办？这对我来说是个大问题。俄罗斯天气冷，所以不产什么水果，在进口商品店里也没有那么丰富的品种，尤其是榴莲。中国的水果选择很丰富，所以我在中国超级开心，可以买到很多好吃的水果，特别是榴莲！

我在中国有工作经验，这些工作使我不断学习成长。在这里，是与俄罗斯完全不同的另外一种沟通方式、做生意方式。要在中国工作的话，必须要先了解中国的文化。

中国有很大的、各种类型的市场和商店，可以买到各种产品，有许多选择。俄罗斯只有几个公司，选择很少。在中国买东西很简单快捷。很多人也在网上做生意，网络市场太大了，不可思议。

我有时候也会想家，想念我的家人。想家的时候我就去星巴克，因为星巴克在世界各地都长得一个模样，所以我感觉回家了。还想念我们俄罗斯的面包，那是一种黑色的面包。我在厦门没有找到，淘宝上也没有，所以可想而知，让我心心念念的俄罗斯面包有多难找，一般万能的淘宝什么东西都能找得到。

以后，我希望能够与我的双胞胎妹妹一起在中国开个公司，朝着我们的目标奋斗！

姓名：Jorge

中文名：乔治

年龄：25 岁

国籍：西班牙

职业：经济师

在中国：5 年

中国胃

Hello，我是乔治，我的老婆叫琳达，我们是一对跨国夫妻。由于工作原因，这两年我们在西班牙生活。我们半年多没回中国了，特别想念。

我现在在西班牙一天三顿，顿顿吃面包：西班牙人除了爱足球，就是爱面包——巧克力的、奶油的、里面夹火腿的（Tapas）、上面涂橄榄油的……但是对我的中国胃来说，还是最爱中国菜。

中国有超级多的美食，我是中餐十级爱好者，最爱的是生煎包和白斩鸡。毫不夸张地说，我一次可以吃 20 个小笼包！每次老婆带我去我最爱的餐厅，哪怕排队 2 个小时也要吃上白斩鸡。一般外国人不爱吃的鸡爪、猪蹄、牛蛙、猪脑，我通通爱吃。来西班牙之前，我老婆从不下厨，现在生活在西班牙，她就开始研究中国菜。现在会做肉夹馍、糖醋排骨、红烧肉、干煸豆角、梅菜扣肉、小龙虾、菠萝咕咾肉等这些大菜，而且还会做给我西班牙的家人吃，他们现在都迷上了中餐。我母亲 5 年前去中国时，吃过很多中国菜，但是他们很会赞美我老婆，说我老婆的手艺比餐厅出品的还好，夸得她经常美滋滋地做好吃的给我父母送过去。看到他们是发自内心的喜欢，老婆很开心，我也非常开心。当然我是最幸福的，因为我现在是标准的中国胃，能够有这么会做中国菜的老婆，我太幸运了！

鸡爪，我的爱

吃饭要认真

老婆的厨艺

中国菜与西班牙菜不仅内容不一样，而且吃的方式也不一样。中国的饭店有很大的桌子，大家围坐在一起，桌子中间放很多很多菜，每个菜吃一点，我可以大快朵颐！在西班牙，只能一个人一个盘子，也没有那么丰富的菜品，选择比较少。这个就是中国和西班牙文化的差异。我比较喜欢中国这样的饭局，有人气，很温暖，更热闹。

除了中国菜以外，我还很崇拜中国文化，经常看书，比如孔子、孟子、秦始皇、康熙这些人物时代的历史我全部都知道。我经常问老婆一些历史问题，她都会被难住，哈哈！中华上下五千年，要学习的东西很多。

我喜欢学习，每次看到一个新鲜东西就会问我老婆：“这个是什么”，我的问题太多啦，好像小朋友一样。因此国内的一些实时新闻我常常看，也看了很多中国的书。

我学经济专业，以前在上海做财务会计这一类的工作。所以我最感兴趣的还是跟经济、科技方面有关的书。比如马云的，我现在最崇拜的人就是马云，喜欢看他的视频。马云是一个非常了不起的中国人！最近又买了一本书是李开复的。李开复是一位信息产业的经理人、创业者和电脑科学的研究者，曾在苹果、SGI、微软和 Google 等多家 IT 公司担当要职。他 2009 年 9 月从谷歌离职后创办了创新工场，并任董事长兼首席执行官。我从他们的书上可以学到不少道理，而且每次看他们的书都会有一种被激励的感觉。

通过他们的书，我的中文水平提高了。我现在大概掌握了五千多个汉字，通过了 HSK（汉语水平考试）第六级考试。

我在上海的复旦大学和上海师范大学学中文。那时候我住在闵行区，每天坐地铁上学，往返需要 4 个小时，常常要很早起床，很晚才回家，但是为了学中文，值得！半年里，我瘦了 20 斤，但我不觉得累，反而很开心！

我对中国充满好奇和兴趣，越深入中国，越发现对她的了解太少了。我们西班牙人对中国的认知也太有限了。我满怀着好奇开始大量阅读。没有去中国之前，我以为中国生产的很多产品是仿品，或者质量不佳，以为中国不怎么发达，来了之后发现中国有很多特别好的企业，比如小米、华为。他们的产品质量好，又好用，有非常多的优秀设计单品。每次回西班牙之前，我都会买几个小米的产品送给西班牙的家人朋友们。我买过华为的手机送给父母，小米的手环送朋友，他们都很喜欢。我会网上购物，手机点外卖，在中国不出门就可以生活，中国太厉害了！

有段时间我住在上海。一位美国朋友在无锡教英文，我去无锡参加他的生日会，就是在那里邂逅了我的老婆。当时她是他的学生，正在学习商务英语。我们聊得很投机，之后我经常去无锡找她。缘分让我认识了她，打消了我回国的念头，我们在中国一起生活了 5 年。结婚之后，因为工作原因一起回到西班牙。再过一两年吧，我们还是想回中国，因为我俩都喜欢在中国生活。

一开始我的岳父岳母不允许我们结婚，因为文化差异太大，也担心女儿远嫁他国，将来是否会幸福。岳父岳母比较传统，家族里也从来没有人嫁给外国人的。

老婆安排我先见了她的阿姨，熟悉了之后，慢慢让我接触其他亲戚们以及各种朋友。他们都觉得我很不错，通过各种途径转告给了岳父岳母，因此中国爸爸妈妈也逐渐接受了我。现在他们都把我当自己的孩子一样，还经常帮我说话，让他们的女儿对我好一点。

我刚来中国的时候，不太会说中文。中国家庭特别好，对我的关心很周到，他们特别体贴，不会问太私人的问题。

我和可爱的老婆

我的老婆琳达这样说：

我们从小生活环境不一样，我们现在一直在磨合。婚后我们从彼此身上学习到了很多生活的道理。比如我以前是一个喜欢独来独往的人，不愿意也不擅长向别人汇报我的行踪。可是每次开车，如果到了目的地不告诉我老公，他就会着急。我婆婆也会发短信问我是不是安全到达了。这点真的贴心呀，有人一直牵挂着你。所以我现在都会及时地告诉家人我很安全。乔治不会用否定句表达情绪，比如：我不要去吃意大利菜。遇到“我不要、我不想”这样的否定表达，他会换成：我觉得吃中餐比意大利菜更好。我们可以下次去，好不好？今天有点累了……乔治这样委婉表达的方式很容易让人接受。所以这是我要向他学习的地方。

印象中，外国人很开放，但是我来到西班牙后发现他们也很传统。他们中很多人三十多岁了，也会和爸妈一起住，也很重视亲情。西班牙人和中国人恋爱观差不多，不过他们更自由，更喜欢追求浪漫、爱情这些感觉。父母长辈不怎么干涉子女恋爱。西班牙人也没有早恋的概念，恋爱方面没有什么约束。

我和琳达都爱旅行。我们一起去过中国十多个城市，国外去过泰国、越南、马尔代夫、韩国、日本、斯里兰卡等。我们很喜欢去海边度假，琳达没结婚前不敢晒太阳，因为中国是以白为美。我们欧洲人比较喜欢自然肤色，很爱日光浴。现在她似乎被我们影响了，也喜欢晒太阳，自信健康才是最美的。我们计划未来要到更多地方去旅行，一起去看这个美丽的世界。

我们在一起五年多，结婚两年了。跨国婚姻中有甜蜜、有幸福、有感动，当然也有争吵、有误解，但是都能用爱化解。婚姻如做菜，酸甜苦辣都会有，也是因为这些，我们的生活才格外精彩。

我要感谢缘分让我认识我的老婆，住在这么温暖的国家——中国，这里是我的第二个家乡。

海边看日落

姓名：Radu

中文名：韩阿杜

年龄：32 岁

国籍：罗马尼亚

职业：公司经理

在中国：6 年

东莞，我的家

第一次来中国是因为工作出差，后来认识了我的老婆。她叫黄佳敏，是广东省揭阳人。我们决定留在中国，因为我太喜欢这里的生活。现在已经6年了，目前定居东莞。3年前我们开了公司，她负责财务方面的工作。

我会一点中文，不是特别好，但是我连蒙带猜可以知道别人要说的意思。我每天坚持中文沟通，因为我在自学中文，需要很多的耐心。我的老婆帮了我很多，但是她经常说广东那边的家乡话，就连中国人都不能完全听懂，听起来好像一直在发“噢噢”的音，与普通话完全不同。她想让我多学她老家的方言，但是我真的做不到，太复杂了！

我们沟通的时候既用中文又用英文，经常是两种语言混用。特别是我老婆，她每一句话里会出现比如3个英文单词加2个中文单词，所以我们习惯了说“Chinglish”。我觉得每一对夫妻，一起生活一段时间后，就会形成只属于他们俩的语言。我们彼此懂得就可以了。

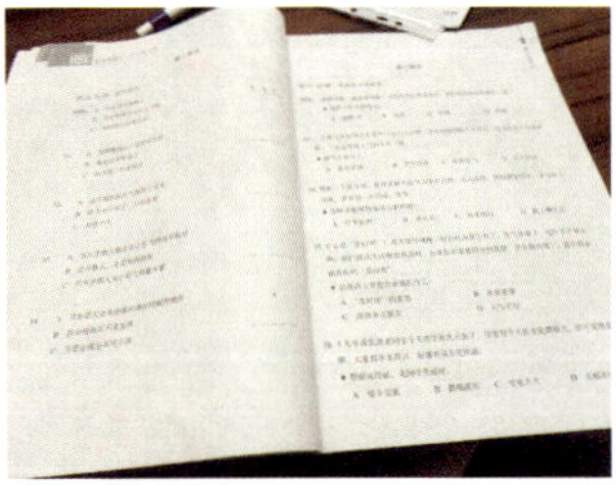

老婆送我的中文学习书

我要继续加油学中文，不能放弃！每次我学中文的时候，我老婆都觉得很搞笑。大概一年之前，她送了我一件礼物，是一本学中文的书。我很欣喜，因为我发现自己至少有小学一年级学生的水平了。

来中国之前我学了一个月的中文，从拼音和音调开始，比如 ā á ǎ à 四个声调、mā má mǎ mà 四个声调，其实对我来说是一个音，但是在中国是 4 个字，不！还不止 4 个字！这让我头痛欲裂。而且，中文里有太多多音字、形近字，很多词的读音非常接近，搞得我好头晕，怎么都分不清。比如：坚持 jiānchí/ 检查 jiǎnchá/ 警察 jǐngchá/ 紧张 jǐnzhāng；抱怨 bàoyuàn/ 保佑 bǎoyòu，再比如：贸易 màoyì/ 毛衣 máoyī；买 mǎi/ 卖 mài，等等。我要疯了。现在总算好一点。

我容易把汉语词汇颠倒，比如把“彩虹”说成“虹彩”，“故事”说成“事故”，“眼镜”说成“镜眼”……多得数不清。对我来说最难发的音就是 ü，比如“去、遇、句、略”等，因为我找不到英语有哪个音和它匹配，所以外国人学中文确实不容易。

我初到中国先去了一个工业城市，说来是个令人忐忑的故事。公司告诉我，到机场之后会有人来接我。可我到达后没遇到接机人，两眼一抹黑，该怎么办？我打电话给他，他的手机关机了。我等了一个多小时还是没有人来，我开始担心，开始口渴，找到了一个小店想买点水，但是服务员听不懂我说话。她一直问：“你要什么？”我真正是个新来的，到了这片全新的土地，所有的感官都糊涂了：你是哑的——你完全不能沟通；你变聋了——完全听不懂；而且你还近视了——什么都看不懂。

后来那个接我的员工终于来了，原来他的手机出了问题，我这才放下心来。但是我会一辈子记住当时的感受，刚坐了16个小时的飞机，连一瓶水都不会买，真是受到了很大的惊吓。

之后我慢慢学会了很多，从数字开始，一步一步来。我认为外国人第一次到中国，要么特别适应这里的生活，要么特别不适应，没有一个中间的状态。我就是第一种——与中国一见钟情，也没有什么理由可说，就是爱上了这里。初到中国的经历，就好像来到了陌生星球，但也就是这种感受，让我产生了一种被迷住的感觉。

相信有很多外国人和我一样，喜欢中国的理由太多了。

当然，首先我喜欢中国的原因就是我老婆，她让我有了“家”的感觉。

然后就是——人，我喜欢中国人，大部分都特别善良，认识了不少好人。中国人的思想方法比较开明，我跟他们学会了另外一种做事情的方式，耳目一新。

我去过很多城市，到过中国大部分的省份。我的工作需要经常到处出差，因此也有机会接触新的环境。我爱在中国旅游，可以看到很多不同的风景与建筑风格。一有时间，我就要出去看看，欣赏各地的美景，领略异乡的风情，以及观察城市的发展情况。这也是我认可中国的一点，中国的城市以肉眼可见的速度在发展。比如说我2012年第一次去郑

饭店小聚

州，当时没有留下很深的印象。因为工作，我在那里待了5天而已，各方面都不习惯，想要尽快回东莞。去年，我又来到郑州出差，郑州变了很多！现在变得更舒服、更好看，成了一个令人向往的城市！能够看到这么明显的变化，我很开心，是一个让我吃惊的改变。在中国，好多事情可以快速推进，迅速改善。相比之下，欧洲做事特别慢，为了做几个小决定可能需要花好几个月。在中国机会很多，我觉得自己可以学会更多。中国与我的祖国太不一样了，但我就是喜欢这种不一样，我愿意成为一座欧洲与中国的文化桥。

去了那么多城市，我还是最喜欢东莞。有可能是因为她是我居住的地方，我习惯了这里的生活。东莞是一个交通特别方便的城市，在广州市与福建省的中间，去广州只要坐25分钟火车。东莞也是一个很发达的城市，但又没有广州那么繁忙，人没有那么多，不拥挤，生活节奏刚刚好。习惯了方便的社区服务，东城南城酒吧烧烤当然少不了，可以吃到各种各样的菜，所以我也会继续留在这里探索。

说到中国，我肯定还会想起漂亮的寺庙，东莞大部分寺庙我都去过，还去过罗浮山的道观。我喜欢寺庙里烧香的烟火气息，让你远离尘嚣，流连忘返。我还去过河南嵩山少林寺，那里的和尚给了我很多念珠和纪念品。在潮汕地区，人们拜神祈祷非常虔诚。拜神和拜佛的文化，与国外非常不同。

再来聊聊潮汕文化。我老婆是潮汕人，我了解到潮汕居民的生活中有很多忌讳，比如哥哥结婚后 3 个月内，妹妹不能结婚；生肖相冲的人当天不能去参加亲人的婚礼；去墓地祭奠有各种讲究，不能随便去……这些都是我亲耳听到的，这也是为什么我的岳母和我相处得不是那么愉快的原因，因为这些文化我都不能接受。我和老婆的爷爷奶奶相处得非常好，我们可以用普通话交流，我喜欢他们，我们可以很轻松地感受到彼此的爱，他们是我在中国最亲近的家人。当然，还有我老婆的很多其他亲戚，他们都热情又体贴，每次我们回老家都是嘘寒问暖的。

老婆说起我和她的故事，是这样的：

我们在一个共同的音乐爱好者群里。有一天我加了他，因为他的微信头像太酷了。那时候漫无目的，就是闲聊彼此的工作，然后就不了了之了。一年后，也就是 2016 年 6 月，我们彼此又联系起来。可能是缘分吧，我们慢慢聊了些家常，后来什么话题都聊，天南海北。那时候我在广州，每个周末都去市中心练琴。有一天，他忽然说要来广州玩，约我练完琴后见面，这也太突然了！他在火车站等了我两个小时，其实我是跑去美容店化了个妆，因为这之前我没有做任何准备就出门了，我很担心他觉得我跟照片不一样。见面后，他丝毫没有抱怨等了这么久，还很开心。他不挑食，最后我们决定一起去吃寿司，当天他就回东莞去了，这次来就是为了见我。

我喜欢弹吉他，她喜欢弹钢琴。她很欣赏我拍的一些视频。当时她在广州，我在东莞。我们从2016年开始在一起，2018年结婚。结婚手续很麻烦，需要很多资料，把资料准备齐全一共花了8个月时间，中间还需要去她的老家。

我们一共去了3次。第一次去的时候，我太开心、太激动了！我以为去了当天就可以领证。但是没有想到，他们说NO！我立刻问："为什么呢？"本来今天应该是我最幸福、最重要的日子，结果被拒绝了，因为缺了一些材料。我当时的心情，真想哭。

去我的国家的大使馆补齐其他资料，再回到她的老家办手续。民政局第二次居然还是说NO，又缺了什么资料……这次我真崩溃了。但是为了爱情，值得坚持下去！

第三次我们又去了，等了很久，终于听到他们说YES。我没有听错吧？YES！可以领证啦！终于资料都OK啦！我们终于结婚啦！你想不到我们当时的心情，我有多快乐。

办理结婚登记对我来说是个巨大的考验，一共花了8个月，考验我们的决心与耐心。我们是2018年12月25日结婚的，刚好是圣诞节，是个特别好的日子！

下面第一张照片是我们在惠州罗浮山未名湖拍的。我发现了一个非常安静美丽的地方，这里渺无人烟，只有各种各

在未名湖边

在云南香格里拉

样的鸟鸣声、风声，以及翠鸟捕鱼的美景，这里不比西湖差，淡妆浓抹总相宜。

上页的第二张照片是我们去云南香格里拉拍的。在这里有必要说一说迪庆这个地方。它是一个藏族自治州，藏语意为“吉祥如意的地方”，位于云南的西北部，地处青藏高原东南边缘，横断山脉南端，是怒江、澜沧江、金沙江“三江并流”的腹地。很庆幸有2020年正月的那趟世外桃源之旅——香格里拉。我们自驾来到魂牵梦萦之地，走进这幅无与伦比的画卷，静静地感受着她的魅力、她的神韵。在这里，挥去了之前的疲惫，精神抖擞，带着温暖的心，走进了纯洁的圣地。

在藏区

姓名：Mathilde

中文名：马睿婕

年龄：29 岁

国籍：法国

职业：行政助理

在中国：6 年

小留学生

我现在住在西班牙。我 15 岁的时候第一次去中国，从那时起就喜欢上了中国和汉语，一直都想再回去。我在中国一共待了 6 年，先后在南京、厦门、杭州居住过。

我的爸爸很喜欢亚洲文化，我学汉语的前一年去过四川和云南，这些都给了我想更多了解中国的影响。我在法国上高中的时候就开始学中文了。入学不久，学校通知我，可以去南京外国语学校（以下称“南外”）做交换生。

本来不想那么早去，毕竟我才 16 岁，不想离开家人和朋友，去一个陌生的地方。那时候，中国对我来说是一个不发达国家，和法国有太多区别。最终，是爸爸说服了我，说这次能去中国学汉语是一个非常难得的机会。来到中国之后，我发现这里并不落后，并且喜欢上了这个国家。

最让我动心的是汉语，很难解释为什么。我在中国认真地学习，几个月后就迷恋上了汉语。无聊的时候，我就把刚学的汉字一行一行地写下来，觉得这样不仅能让我学得更好，还能使我达到一种平心静气的状态。汉字的悠久历史加上每个字的丰富含义是我喜欢中国的重要原因。

不得不提的是中国的美食。不仅是因为中国菜肴丰富、美味，十分讲究，而且中国美食与中国历史和思想紧密相连，吃一口中国菜就能尝得到中国文化的灵魂。

中国人热情而友好。一般来说，作为一个在中国的外国人，经常会受到中国人的热烈欢迎。中国人常常会像家人一样邀请你到他们家去吃饭，分享他们的文化，同时对你很感兴趣，问很多关于你自己国家和文化的问题。

刚到中国的时候，我住在中国的家庭里。那些家庭的孩子们是在我的学校学法语的，他们帮我学中文，同时我也能帮他们提高法语水平。南外的惯例是让我们每3个月换一个家庭。

我住的第一个家庭的"中国妈妈"特别喜欢我，这让她的女儿有点吃醋，不太理睬我。此后，每天晚上是中国妈妈来我的房间陪我练汉语，而她的女儿几乎不跟我交流。我这位妈妈太可爱了，让我很感动。

我的"中国外婆"

我在中国有很多美好的回忆，每 3 个月要换一个中国家庭。最后一个，也就是第四个家庭是我最爱的中国家庭，他们的女儿叫 Shel。在他们家的最后一天，我的箱子都整理好了准备出发，突然中国妈妈对我说："太巧了，我们今天去了姚老师办公室看望她，她说还没有为你找到新家庭，我就立刻利用这个机会说想要你继续住在我们家。"我既兴奋又感动。我接下来的南京生活都是在他们家度过的，他们是我的家人，是我在中国的家。

我觉得在当地人家里生活——学校的这个安排非常好。第一，我的中文水平提高得很快，虽然说得不多，但是每天周围听到的全是中文。如果住在宿舍，一般是跟其他外国人一起住，都用英文交流，绝不会有这个语言环境。在当地人家里生活也能更好地了解中国文化，每天看到中国百姓的平常日子，他们喜欢吃的菜、他们说话的方式、他们的玩笑等等。

我觉得自己特别幸运，能够认识那么好的家庭。Shel 一家人都对我特别好。中国妈妈教我做中国菜，中国爸爸教我书法，Shel 还给我演奏中国乐器，每天都过得幸福而有意思。到现在我跟我的中国家庭还一直保持联系，我回中国就会去他们家，他们还在中国帮我找了实习的机会。Shel 也去过法国，她就来我家住。这种关系是一辈子的，我知道以后我结婚的时候，他们肯定会过来参加婚礼的。我真的把他们当自己家人一样。

我在南外的时候跟其他中国学生一起上课。我惊讶于中国学生的学习态度，他们比法国学生更听话，更尊重老师。我特别欣赏他们尊师重道的传统。

另外，让我惊讶的是班上的学生很多，至少有 50 个同学。在法国，一个班大概只有 20 个学生。50 个学生！但是是 50 个很听话的学生，上课一点都不乱。如果老师不开心，发怒了，大家就都安静下来，有些害怕。可是现在在法国，即使老师生气了，学生也无所谓。

欧洲学校与其他地方比起来算是课程多的了，但是与中国相比就不算什么。我们每天 7 点半上课，好像还需要更早一点到，因为我们要唱国歌。这与法国很不同，在法国不用起得这么早，更不用唱国歌。

中国学生在校园生活上倾注了很多精力。选举班长时他们都积极地参与、帮忙。他们会把教室打扫得一尘不染，并在教室里做漂亮的装饰。在法国完全不是这样子的，没有见过法国学生打扫教室。中国学生对学校生活非常投入。

每天早上到学校，都有两名学生站在门口向每一位老师、每一位同学打招呼。所有的学生都穿着校服。法国没有校服，所以我觉得挺有意思。我为穿着我们南外的校服而骄傲！

最难忘的还是每天早上的广播体操。早晨，所有的同学都列队到体育场一起做操。第一次看到这么多学生聚在一起，排着队做一样的动作，让我大开眼界。我记不住动作，

食堂用餐

雪地里撒欢儿

跟不上，总是很尴尬。因此，我特地请一位中国同学在午休的时候教我做操，后来老师表扬了我的进步。升国旗的时候，是很感人的时刻，中国人真心喜欢自己的国家，这一点让我特别佩服。

上课时，学校一般上、下午都会安排4节课。两节课之后会安排一次做眼保健操。我认为这个习惯很不错，能让学生放松一下，也会对眼睛和身体好。

每次去学校的餐厅，人可真多啊！需要排队。我在法国学校的餐厅从来没有排过队。餐厅真的很大，吃的也每天不同，基本都是菜配饭。我慢慢习惯也喜欢上了天天吃米饭。

我后来来到厦门上大学，那时候的中文进步了不少。因此也慢慢感受到了中国和欧洲更多的区别。比如教育方式，在中国，一般来说上课都是在听老师说话，学生好好做笔记。在欧洲，特别是在法国，老师们说话比较少，他们认为应该更多地让学生们说话，让他们展开想象，经常会有一些讨论。我在中国上大学的时候感受到了不同。有时候我会给一个法语老师当助教，经常给学生们提出一些问题，想要让他们一起讨论，但是我后来明白了，他们不习惯这种教育方式。其实没有哪种教育方法是最好的，每个国家有适合自己的方式。

中国和法国的文化差别很大，不过我觉得在欧洲，法国是最接近中国文化的。在食物方面，中国和法国都特别讲究；文学文字方面，法国人和中国人都看重；礼仪方面，两个国家都有悠久的传统。

当然，从差异角度来说，比如，虽然礼貌对两个国家的人都很重要，但是礼貌的内涵不同。例如，钱的话题对一般的法国人来说是一个避讳的话题，说出来会觉得没有礼貌，会被认为是傲慢的；但是对于中国人，钱是常常被提到的，而且是很正常的话题，过春节的时候“恭喜发财”是很好的祝福呢！

我第一次从中国回到法国，反而有点不习惯了。因为我要回到学校继续上高二的课，原来的同学们都已经在上高三了。很多高三的朋友不怎么联系我了，高二的学生又都不认识，所以刚回到法国时有些不开心。我在中国不是一个中国女孩，回法国感觉我也不是一个法国女孩……好像与我的同学存在着思维差异，因为我在中国有这么丰富的一段经历。

第一次去中国时，我还是一个青少年，在中国的日子深刻地影响了我。其中一点就是，从那时候开始，我会不断地被中国男生吸引。过去，我对亚洲审美没有什么感觉，而在中国待了几个月之后，就觉得中国人很好看，从那以后就一直喜欢中国男生，还交了一些中国男朋友。

另外一方面，我发现自己内化了“不要让别人难堪”这个中国思想和礼貌的特征。现在，我会非常注重别人的感受和情绪，尽量不使其他人感到不舒服，不管是哪一个国家的人。

来中国，让我更爱学习语言。中国给了我一种情结和让我去奋斗的理由。我一回法国就想要好好学习，以便尽快回到中国去。我在中国认识了特别重要的朋友，还有我的中国家庭，他们对我来说都非常值得珍惜。

在中国的生活经历让我学到一个很重要的人生经验——生活不是黑白的。生活里没有一件事、一个东西、一个人是完全好或完全坏的。不管是什么国家的文化都会有矛盾，去了解一个国家、一种文化、一个人，必须包容和保持开放的心态。

姓名：Alejandro

中文名：墨乐贤

年龄：47 岁

国籍：墨西哥

职业：服装设计师

在中国：2 年

红糖馒头

我想寻找一种简单幸福的生活，想好好地保护地球，这就是我的人生目标。

很久以前，我在美国纽约生活了几个月，暂住在中国城里。此后就决定搬来这里，又住了 5 年。我和我的爱人经常去吃中国菜。

当时我在费城大学学习，利用暑假的两个月时间在一家服装店实习，协助他们的设计团队。那段时间，我的一位好朋友住在中国城，让我去同住。1999 年的夏天，我搬进了中国城的 Elizabeth 路。

就是这段日子给了我很多影响，使我对中国产生了兴趣。虽然身处美国，但是在中国城里就像在中国一样，充满了中国风：人、餐厅、街道、小吃等，我也喜欢上了中国菜。几年后我们来到香港，从此就决定留在中国生活，因为我们太喜欢这里了。

5 年前，我的爱人接受了一次去中国工作的机会。他本来只需要在中国停留半年，但后来时间延长了，因此我辞了纽约的工作，也来到中国。

我这两年住在厦门。我去过上海、北京、杭州、丽江、香格里拉等城市，其中，最喜欢的是上海。她有一种既传统又现代的感觉，不同的文化杂糅在一起，特别有意义，是一座名副其实的国际大都市。上海的博物馆很多，也是购物的天堂，还有许多美味的餐厅。

我一到中国就觉得很舒适，没有感到有多大的障碍和困难，这令我十分激动！

我是一个开放的人，很快就找到了新的生活状态。语言对我来说从来不是个难题，因为大部分的中国人都很友好，一直主动热情地帮助我。虽然我说的中文比较难被听懂，但是他们总是耐心地试着去理解我说的话，看到我努力想学习中文的样子，他们更开心了。

素宴

这让我想起了一件有趣的小事：我特别喜欢吃红糖馒头，到了钟爱的程度。每次我会到离家很近的一家小店去买。一开始我用英文与店员对话，感觉服务比较冷淡，让我觉得多少有一点尴尬。终于有一天，我学会了怎么用中文表达，又去了那家店，努力地用中文跟老板说："我要红糖馒头。"老板吓了一跳，脸上带着绽开的笑容把馒头递给我，好像表示他对我中文进步的大大鼓励。

第一次看到馒头的时候我就充满好奇。馒头是一种非常传统的蒸出来的白色面食，我认为就是中国的面包。一般来说是圆形的，用小麦粉做的，摸起来像海绵。它的颜色鲜亮，如果是在竹蒸笼里蒸的，还会稍微带有竹子的清香气味。我很快发现几乎在每一条路都可以找到卖馒头的店，随便在哪里、随便什么时候都可以吃到。其中的红糖馒头，是我最喜欢的中国点心，我也把它当作早饭或者甜点。红糖馒头就是在做馒头时加进红糖，使它具有了浅棕色，有焦糖味儿。

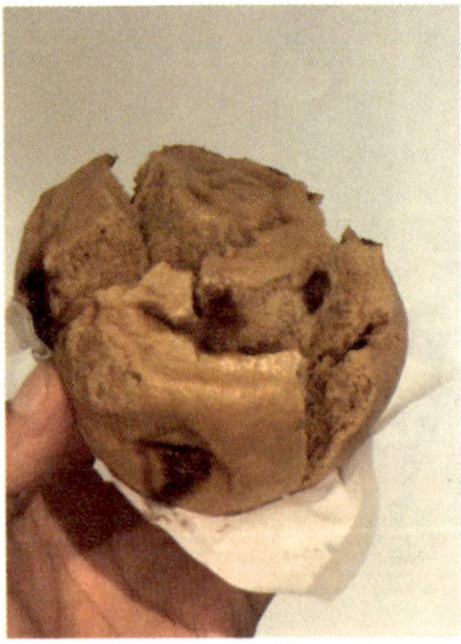
最爱吃的红糖馒头

我第一次吃红糖馒头是在厦门。那天早上很冷。第一口吃到热乎乎的红糖馒头的简单经历，让我一辈子难忘。怎么会有这样的美味和如此舒服的口感！这让我想起了家乡墨西哥的 Tamales（类似粽子的食物）。Tamales 也是用小麦粉做的，同样用蒸汽加热，可以是咸的，也可以是甜的，甜的一般是用水果做的。Tamales 是很传统、很古老的墨西哥小吃，现在常常被当作早餐，或者是在特别的节日时也会做很多。

每个人都说我是一个美食家，离不开吃。我一直以来都在寻觅新的香味、新的口味。中国菜太丰富了，各种各样的风味，给我很多选择。无论去哪里旅行都能吃到那个城市的特色菜。虽然我是素食主义者，但还是可以品尝到很多东西。

漂亮的蔬菜饺子

我还喜欢吃饺子和面条！说到饺子，我又想起了有趣的回忆：我跟爱人经常去一家素食餐厅吃饭。一天中午，我们点了面条。这时候，看到两个阿姨在包饺子。我很好奇，想知道饺子是怎么做的。我跟她们闲聊起来，问她们馅儿要放多少，等等。突然看到一位阿姨拿了很多打包盒子出来，我心想：哇，谁要那么多饺子！几分钟后我们去买单，老板说：“你们要的打包饺子都在这里。”我不知所措…… “我什么时候点的饺子？”突然明白了，我的中文确实不好，肯定是产生了误会。我哭笑不得地拿了好多饺子回家。

我真的应该继续好好学习中文，以免再闹这样的笑话！

墨西哥与中国区别很大，但除了区别，两个国家还有许多相似之处：都有很悠久的历史和传统，拥有丰富灿烂的文化，以及独一无二的生活方式。其实，我个人没有感觉到太大的文化差异。对我来说，人民对自己祖国的热爱、对家乡菜的喜爱、以家庭为中心的传统、道路上拥挤繁忙的样子，等等，全是中国与墨西哥思想文化的共同点。我很高兴地看到我们两个国家拥有这么多的相似点，拥有这些一样的价值观。

中国有56个民族，每一个都别具特色，有自己的节日和风俗。这又让我联想到了我的老家——墨西哥，也是这样一个多民族的国家。

我在丽江，被纳西族迷住了。他们特别热情和善良。他们的传统服装好看极了，优雅而独特，颜色与装饰也是我没有见过的样式和搭配。这些服饰同时含有很多的意义。纳西女人的衣服让我想起墨西哥Tzotzil民族的衣服。两者居然有相似之处，比如所用的布料、鲜明的色彩、衣服的结构等。她们的服装上有一种布带，由不同布料搭配在一起，也与Tzotzil族很像。最难忘记的是一件纳西族黑色牦牛毛的上衣，是我见过最酷的上衣，联想到Tzotzil族的黑色羊毛裙子，叫Enredo。

纳西族的服装

中式歇山顶建筑

另外，我也被中国的建筑艺术所吸引。中国古建筑里的各种木作、砖石结构让我惊叹。我可以沉浸其中，坐在那里看好几个小时，一整天也没有问题。我并没有特别钟情于某一种中式建筑风格，而是都很欣赏。

在中国既能够看到现代的建筑，又能看到漂亮的老房子、老街道，每一个都充满细节并且含义丰富。有时候不经意间，会看到一栋现代写字楼旁边静卧着一座古老的寺庙，太不可思议了。这么长的历史与现代的快速发展都展现在我的面前。

现代的建筑也很迷人，其中之一就是上海世博会的中国

上海世博会中国馆

馆。它巨大的形体与它的颜色，让我想了很久：中国馆的外观代表什么？象征什么？一开始我认为有点像一个倒置的宝塔，也猜想是不是一个汉字呢？百思不得其解，但是唯一让我确定的是中国馆就是代表中国，从所有的感官来体会，都是中国的感觉。

我在中国收获很多，变得更耐心、更开明，少发牢骚，学到了友谊的价值，以及过一种更简朴的生活……我希望能够留在中国，越久越好，期待我把中文水平提高之后，能与中国人多沟通交流。

我要在中国找份工作，或许从事与环境、动物相关的行业，让更多的人意识到目前我们美丽的地球面临的巨大危机，该认真地去保护它了。现在，太多的动物被伤害，太多的人仍然过度使用塑料，同时每天大量的粮食和水被浪费……关注以上这些问题的人还是太少，如果我能够帮上忙，为保护地球做点什么，我会特别开心，将竭尽全力。

救助了一只怀孕的流浪小狗

姓名：Alice

中文名：爱黎

年龄：25 岁

国籍：法国

职业：新媒体策划

在中国：4 年

中国歌迷

我很喜欢学语言，最初我学的是英文和德文。后来，我想再学一种比较特别的语言，因此我开始学习中文。中文不属于拉丁语系，与我之前所学的完全不一样，很有挑战性。

高中的时候，也就是我 16 岁的时候，我跟随学校一起到中国访问两周。也就是因为这次意义非凡的旅行，我爱上了中国。这里与我以前的认知差别太大了，最大的差别还是文化和语言。我听不懂、看不懂，一切对我来说奇妙而陌生。

中文拥有一种无法言说的艺术感，书法也令人陶醉。我开始拼命学中文。大一的夏天，我去中国台湾台南的成功大学，用 3 个月时间研究书法和传统绘画。本科毕业后，我回到法国，在巴黎的国立东方语言文化学院读中文与传媒硕士。

我 2014 年再次来到中国，到盐城师范大学读中文，先待了 3 个学期。盐城市外国人不多，大学的留学生也很少，只有几个俄罗斯人、几个韩国人。我是唯一的法国人，也是唯一的欧洲人。

此前感觉盐城还没有怎么发展，2014 年去的时候，两个巨大的商场出现了，还有很多高楼，我是盐城发展的见证者。高考之后，我每年一有空就去中国旅游或者是去学习。我在盐城待的时间最久，去过两次，印象最深也是在盐城。

拿到毕业证书

然后去了武汉和上海。

一开始我觉得非常孤单，因为其他韩国、俄罗斯留学生比较喜欢结伴出去玩。我偶尔会跟他们一起，但是大部分的时间还是自己一个人。我逐渐变成了学霸，自己在房间里读书。我读书的方式比较特别：用中文歌来学习中文！虽然我一开始不是特别喜欢中国音乐的风格，但是后来越听越爱上了中文歌。我在一本笔记本上记录歌词，然后到“全民 K 歌”App 上唱这些歌曲。这是我和中国传媒平台之间故事的开头。我在“全民 K 歌”唱了《甜蜜蜜》《丑八怪》《对你爱不完》等，都是不同风格、不同时代的歌曲。当时我还在盐城的一家酒吧当歌手，跟乐队一起表演。因此我的中文水平进步很快，在盐城交了很多中国朋友。我更喜欢中国了，对中文更感兴趣了。

回忆起来是这样的：有一次我去一个酒吧，当时正有中国乐队在表演，我觉得他们很棒，和他们聊天认识后，他们鼓励我加入乐队。后来我们经常在这个酒吧一起唱歌，我一个人唱，他们弹着乐器，或者有时候我跟一个男生一起唱。我们会用不同的语言唱歌：法文、英文和中文。因为这次机缘我认识了不少朋友，每次唱完，很多人会过来跟我打招呼。我在武汉的时候也跟一个中国朋友在酒吧唱歌，他是吹奏萨克斯管的，我特别喜欢这个乐器。我们演绎爵士音乐，很适合用萨克斯管伴奏。我喜欢用爵士乐伴奏来唱中文老歌，比如《月亮代表我的心》。

在酒吧演唱

因为一个人住在盐城，所以我很早就习惯了中国的生活方式。我跟中国朋友吃一样的菜，我尤其爱吃烤鸭和火锅！用一样的App，比如大众点评和淘宝。

我的中国同学教会了我很多，比如教我怎么在淘宝上买鞋。我穿 42 码，我惊喜地发现，原来淘宝上也有这么大的尺码，淘宝上真是要什么有什么，我好幸运！因为很多漂亮的鞋子，在法国比较难找到这么大的码，大码只有男鞋或者阿姨风格的……第一次是用中国同学的账号买的，之后他帮我开通了淘宝和支付宝账号。我很激动，因为用中国的软件，生活太方便了，不仅购物应有尽有，而且到货神速，出门也不需要带现金。

本科毕业之后，我回法国的同时，也开了自己的淘宝店，卖法国药妆。几年后，我在武汉的法国领事馆获得了实习的机会。

现在，我在上海工作生活已有一年多，仍在继续学习唱中文歌。我爱用中国的网络社交软件，并且开始拍抖音了——这是个重要的转折，因为几个月后我就火了！我拍了爸爸妈妈和奶奶他们的法国生活日常，结果很成功。目前，我已经有 17 万粉丝。最近我逐渐开始用法语翻唱中文歌曲，我特别喜欢这种跨文化的尝试。

我最近翻唱了《告白气球》《我是一只鱼》等歌曲，最受欢迎的是周杰伦的新歌《Mojito》，获得了超过 50 万个赞，让我备受鼓舞和感动。粉丝们很欣赏这种形式，他们鼓励我继续多做一些法语版的中文歌。

为什么会爱上中文歌？因为中文歌旋律温柔，比较单纯。现在法国流行音乐中很少有这样的，老歌才有这种感觉。我说中文的时候有很重的口音，而唱歌的时候没有。我

在抖音的演唱获得 50 多万点赞

参加外国人汉语演唱比赛

最喜欢的歌手是那英，最喜欢她的《梦一场》，悦耳美妙。中文的发音抑扬顿挫，听起来有点像在唱歌，这跟法语类似，有韵律和节奏感。

第一次到中国时我才 16 岁，我要先飞到上海，然后转火车去盐城，与老师、同学们约在盐城碰头。来到上海火车站我就傻眼了，这也太大了！像我们法国的足球场一样大！我心里不停犯嘀咕，我能找到哪里买火车票，哪里坐车吗？我试着用仅会的一点点中文求助中国人，终于顺利到达了目的地。如果我可以给初学语言者一个建议，那就是想要学好一种新的语言，不要怕说得不好，而是要尽量去沟通。

有一天，我要把答辩论文交给老师。我说："'论文大便'准备好了。"老师忍不住笑了出来……后来我才明白是我的音调不对，哈哈！

有一次，我在用中文跟朋友聊天，旁边一个人突然问我："你是新疆人吗？"我第一次听到这样的问题，有些吃惊，不过说实话我有点窃喜，那说明我的中文应该不错吧！

总的来说，我在中国生活没有什么难度，很顺利，只是时常会发生有趣的小故事。

我第一次看到鸡汤的时候吓了一大跳，为什么会有一个鸡头在里面？！哈哈！现在我已经习以为常了，而且特别爱吃中餐，不只是因为好吃、丰富，也是因为到中国饭店吃饭，就好像去你自己的阿姨家一样，有一种温暖的亲近感。中国人很热情，即使一个人去用餐也不会觉得别扭。而在法国，一个人去饭店会有一点不自然，气氛也稍显正式、严肃。

我在中国总感受到一种家庭的氛围，在工作中也是。老板与同事有点像是我的第二个家庭，我认识很多他们的孩子。在法国却不是这种关系，一般来说跟老板不能交朋友。

喜欢与中国人沟通、分享是我喜欢中国的另一个原因。我们完全是从两个世界来的，有这么多的知识可以互相学习。我每天都在与中国人交换文化。

中国人也有自己的浪漫。很多人说法国人浪漫，但是我却觉得中国人更浪漫呢。法国男孩太直接，而中国男生比较体贴，知道体察女孩的感受，知道怎么保护好老婆。如果想让一个女孩子知道他喜欢她，他会找很多方式去关心她，让她知道他很在乎她。我觉得这样的方式真的很浪漫，就像中文歌一样婉转、细腻。

在中国，生活太方便！中国的新工艺太厉害！中国有特别贴心而实用的软件！中国的社交网络是一种很有意义的沟通方式，我分享了许多喜欢的东西。

新冠肺炎疫情期间，我在中国，我感觉比较安全和放心。中国的防疫抗疫做得很有效，创造性地运用了 QR（健康码）扫描方式，既现代又方便！

住在中国，我跟着时代一起在发展。中国的创新精神令人敬佩，这里充满活力和动力。对我来说，中国是未来。在这里，我除了学到了语言和文化，还变得更独立了。我独自一人必须学会很多东西，比如如何拥有良好的人际关系及工作能力。中国使我大开眼界，我已不只是一个法国人。我长

我的本命年

爱黎和梅洛——法国姐妹

参加“我的法国梦”活动

大了，成熟了。让我高兴的是我在中国变得成熟了。如果我一直在法国成长，你面前的 Alice 就不是现在的 Alice。

现在，与没去过中国的法国朋友们聊天的时候，我会明显感觉到认知的差异。我打算继续了解中国的传统和中国人的思想。我曾经受到最美好的恭维话不是“你的中文说得真好”，而是“你的想法与中国人一样”。当时那位朋友对我说她觉得我不只是在翻译，而是真的理解了中国的文化，理解了中国人。听了这些话，我很感动、很开心。

以后，我想做与文化交流相关的工作，分享法国文化，传播中国与法国的文化遗产。

我要感谢大家，谢谢中国朋友们一直在帮我，我在中国感觉就在自己家里。我与中国有缘分！爱你们！

姓名：Cleo

中文名：美珍

年龄：25 岁

国籍：新西兰

职业：销售

在中国：1.5 年

从宝岛到大陆

我的中文名字叫美珍，老师告诉我"美"这个字的意思：上面是一个"羊"，下面是一个"大"，我想是不是以前的人觉得大羊很肥美。我以为老师在笑我，说我是肉肉的新西兰人，哈哈！我从小在新西兰南部的达尼丁长大，在惠灵顿维多利亚大学（Victoria University of Wellington）学了法律和哲学。有时间的话，我喜欢做饭、爬山、在海里游泳或者潜水。我喜欢在中国的社交 App 上分享我的新西兰生活，并教授新西兰口语。

我非常幸运地获得了一个奖学金，可以去中国台湾国际大学学中文。这也是我第一次搬到一个大城市居住。本来，我一句中文也不会说，在台北 9 个月，中文进步得飞快。那时候经常有人对我说："哇，你怎么学得这么快啊！"我告诉他们：第一，学语言的话，环境非常重要。我的学校当然是非常好的，但是去外面跟居民聊一聊比在家里练习汉语好多了。第二，我吃素，出于生存的本能需求，我学中文应该会快一点，要不然会饿死的！因为我需要跟很多人解释我不能吃肉，我学到的第一个字就是"肉"。

其实在台湾吃素食是很方便的，有很多自助素餐厅。一段时间后，我学会了"豆腐"这个词。因为在餐厅里，99%的可能，含有豆腐的菜会是素菜。有一次，我跟朋友在餐厅点菜，我看不懂菜单，所以就说："我就选这个豆腐。"朋友

不到长城非好汉

说："Cleo，这可是海鲜豆腐！"哎哟，我失败了！

来中国之前，我不知道中国是什么样的，当时的想法与大部分的外国人一样——是否污染严重？人山人海？会不会不习惯？很多问号在我脑子里盘桓。搬到一个新的城市，面对一种新的文化，当我疲劳或者焦虑的时候，我会想："为什么是这样？为什么跟新西兰不一样？这个太难啦！”但是我慢慢地发现，这些不同的规则不是错的，就是要我来适应的。在适应的过程中，我感受到中国人非常友好，有什么困难他们都很愿意帮助。我在台北、上海、昆明等城市都待过，都给我同一种“到处是机会”的感觉。我喜欢在中国的每一天，因为我每天都感到自己在进步。如果我去市场买东西，可能会花一个小时跟店铺老板们聊聊。

我去过台北、上海、北京、苏州、杭州、黄山（两次）、昆明、大理、成都、重庆和宁波。我真不知道自己最喜欢哪一个城市。是上海吗？这么一个大都市，好玩的东西太多了；但是我也特别喜欢昆明的菜、天气和附近的自然环境；杭州西湖我也特别喜欢。哎哟！真的没办法只选一个最喜欢的城市！

我在荷兰和美国居住过，也去过法国，会说一点法语。我知道学更多的语言会带来更多的机会，所以我选择了中文。

在台北学中文，快要毕业的时候，我发现自己不知道以后要做什么。不过很快，我找到一个在上海的实习机会。面试的时候，老板问我：“你学了法律和哲学，为什么要来一个营销公司？”他问中要害，我能说得清为什么吗？“我会说一点中文，我觉得产品和品牌是一个让不同的国家互相了解的极佳方式。”

我的公司帮助很多西方国家的公司在中国做营销：微

信、微博、抖音、小红书、知乎，等等。能够在这家公司实习是我在中国最大的幸运，因为我的同事都很棒。我们公司有很多既聪明又努力的女生。她们教我怎么用中国的 App，没有她们，我在中国的生活不会这么好。我的朋友 Jess 也鼓励我在“小红书”发视频。

我最主要的工作是帮助客户多了解当下的中国正在流行什么，消费者的习惯是什么，等等。因为中国和西方社会太不同，所以需要我们这样的人去帮助他们了解中国的市场和文化。我也特别乐于给同事们讲述新西兰品牌的故事。

我离开台湾之后先回到新西兰，几个月后再来到上海实习。一到上海，我马上去便利店买东西吃，我对便利店的包子和玉米上了瘾……中国有那么多好吃的，但是我为什么还是那么喜欢去便利店？！

买单的时候我说“谢谢”，店员回我一句“不谢”，我有点不太明白……晚上我去买面条时，发生了同样的情况，店员说“不谢”。我想，他们是不是觉得我说“谢谢”有点多余？我是不是没有礼貌？或者是我的声调不对吗？我问同事，她笑着说，“不谢”在中国是“没事（no problem）”或者“没关系（never mind）”的意思。原来如此！

一天下班后，跟同事一起离开办公室。我还没适应中国内地的口音，而且觉得男生说话比女生更难听得懂。他问我怎么回家，我说去坐捷运。他很不解地看着我说：

“什么？”

“捷运，捷运站。”我们花了几分钟还是互相听不懂。我没想到我的中文变得这么差了！

“地铁吗？”

“地铁是什么？我要坐捷运！”

幸亏有手机可以打字，原来地铁和捷运是一个意思！

在台湾时，有一次我骑自行车（在台湾、上海等地又叫脚踏车）外出，骑出去一公里后发现钱包不见了。我当时跟一个外国朋友在一起，我们决定回头去找，在经过的路边看一看、问一问。但是，我们还没学会用中文怎么说“掉了”或者“不见了”，查手机发现“diào”这个发音是可以用的。我们路过商店，就进去说“wǒ de qián bāo diǎo le”。大部分人很诧异地看着我们问：“你要什么？”

事后，我问老师，为什么人家都这样看着我们。他想一想，突然笑起来。“掉”，应该是第四声（diào），我说成了第三声（diǎo）。我的天啊！好尴尬。真的要好好学音调，以免误会。

许多外国人对中国的自然风光一无所知，以为中国都是房子、建筑。但是你去过黄山吗？我的天哪！太漂亮了！我自己去了一次，第二次又带着妈妈再去。黄山什么样的游客都有，小朋友、老奶奶都在爬山。你不需要每一座山峰都登顶，选择感兴趣的慢慢爬也可以，“爬山最重要是开心”，哈哈！下山后去泡个温泉，舒服得很，这就是我想要的生活！而且，在山上还有很多好吃的。但是我觉得在中国爬山，上上下下都是台阶式的，像爬楼梯，太累了。

我在新西兰也常常爬山，但是和在中国爬山的经历完全不同。最大的区别就是新西兰的山上没有便利店，山路有的时候也不太平整，所以要穿比较好的登山鞋，准备好各种装备，包括水、零食什么的。因此在中国爬山时，我很惊讶地看到很多人的穿着跟在城市里一样，我猜想他们没有准备好呢吧？不过，很有可能他们看我背着很重的包、一大瓶水往上爬，觉得我才奇怪吧。最后爬上去才发现有小店，什么都可以买到！我晕了。

在新西兰爬山感觉比较“荒野”，爬山之前，你要记得做好准备啦！在新西兰，去附近爬山特别方便，因为城市不怎么大。我从小跟家人一起爬山，这是周末经常的活动。小的时候，我和哥哥不喜欢去，一直抱怨。长大之后才发现，原来我这么幸福、这么幸运，能够住在一个跟新西兰一样拥有漂亮山川的国家！

在新西兰的日子

登黄山

尝尝重庆火锅

中国与其他国家有许多不同，其中一个很主要的是中国用的 App 和全世界其他国家完全不同。我觉得这是外国人初到中国生活最大的困难。既听不懂中文，也用不了 App，有时候连杯奶茶也不会买。

中国青年男女的约会文化也很有特点。我作为旁观者，感觉我的中国朋友们压力比较大，中国年轻人一边被赋予很大的社会期望，一边住在一个发展很快的世界里。比如说，他们刚毕业不久，父母竟然就开始问他们准备什么时候结婚，但是在学校时父母又不让孩子交男女朋友。在新西兰，我们从高中就开始约会了。

而且我觉得中国老人的生活经验跟年轻人所经历的差别

非常大，所以存在代沟在所难免。一些年龄比较大的中国人会直接问我：“你有男朋友吗？”这对我来说有点尴尬。在新西兰，刚认识的人不会问这个。

但是新西兰的年轻人和中国的年轻人共同点也是比较多的，因为其实全世界的年轻人都会存在一些生活的压力，比如找工作，而且他们也都处在一个正在不断变革的社会里。

要说喜欢中国什么，不得不回答，首先是中国菜！或者应该说是中国小吃，仙草、豆花、芋圆、紫米饭团、重庆小面、火锅、饺子、路边烤的玉米和红薯……说得我都饿了。连我一个吃素的人都可以换着花样每天吃得这么丰富，中国人对吃的热情态度真是太好了！一到中午，我最喜欢问

跟黄阿姨快乐地吃、玩、聊

我和妈妈一起学习做麻婆豆腐

同事："你今天吃什么？"我特别喜欢去夜市或者吃云南菜，那个酸辣味道，开胃解腻。还有豆花米线、越南蘑菇圈、烤豆腐……住在昆明时，我和阿姨（我住在一个空房出租的人家，她是房东，后来我们成了好朋友）一起喝茶、吃零食。我觉得东西要好吃，也要和好朋友一起吃。我有一个朋友，她是我的天使，只要我一说打算去吃东西了，两分钟后她就能找到很多好餐厅。有一次朋友的妈妈还给我做了一顿饭，让我很感动，比餐厅的味道还要好，我一辈子也没有吃得那么多。

中国人，特别是年轻人，他们愿意尝试新的东西，去适应新的技术，生活节奏很快。在中国，我思想变得开通，比较能懂得外国人在新西兰生活的不易，越来越能理解别人的立场和观点。我觉得去一个文化差异明显的地方的好处就是，让你更能看清楚自己的文化和国家，更能分辨什么是好的和不怎么好的。我也想念朋友和家人，但想念归想念，我还是不想回去，而是希望他们来跟我一起分享现在的日子！偶尔，我会怀念新西兰很自然的生活，去山上或者去海边，因为，有的时候城市生活确实太累了。

现在我在新西兰，新冠病毒疫情使我不能回中国去，在新西兰待久了，我的中文每天在退步。疫情后，我当然要回中国！要回去看朋友，特别要再去四川和重庆，还有哈尔滨。中国还有很多等待着我去经历，希望我可以帮助新西兰人了解中国，帮助中国人了解新西兰。

姓名：Miyuki

中文名：美雪

年龄：40 岁

国籍：日本

职业：茶艺师

在中国：10 年

寻茶记

和中国的、罗马尼亚的朋友们在上海外滩

2005 年 2 月，我在苏州的生活开始了。到那时为止，我到过世界上的二十多个国家，但还是第一次去中国。

当时，我能说的汉语只有两个词——“谢谢”和“你好”。我既不会数数字“1、2、3、4……”，也不会说“上下左右”，当然更没有任何熟人和朋友。

2005 年 3 月，我进入苏州大学的汉语学校，从初级班开始学汉语。最初，当有人用汉语叫我名字的时候，我还反应不过来。在日本，我已经取得了学士学位，随后升入大学院学习，获得了硕士学位，再继续升学进入了博士课程。但是，来到中国之后我必须从零开始，于是又变回到大学一年级的新生了。

学校里所有的课程都是用汉语讲的，所有的教科书、参考书和考试都使用汉语，所以我必须拼命、努力地学习中文。在苏州生活的最初几年里，我为了尽快提升语言水平，每天预习、学习、复习、做作业，从早到晚，除了学习还是学习。

在中国的大学生活过得非常愉快。为什么这样说？因为学习汉语的同学们来自世界各国：老挝、俄罗斯、乌克兰、波兰、法国、澳大利亚、比利时、美国、越南、罗马尼亚、乌兹别克斯坦……我能够在这里认识很多不同国籍的朋友。

在中国的大学生活过得也很温暖。老师们非常优秀而且友善，当然我也结交到了很多心地善良的中国朋友。有一次，我患上了严重的咳嗽，痛苦不堪。中国朋友给我送来了传统的梨膏糖，并告诉我要在嘴里含化，能够帮助止咳。

我是一个外国人，不太了解中国的生活方式，加上语言笨拙，但那时的我得到了很多中国朋友的无私帮助，为此，我希望将来能成为日本和中国的友好桥梁，来贡献自己的微薄之力。

在苏州大学学汉语的同时，我还决定开始学习一直以

三级茶艺师证书

来都具有浓厚兴趣的中国茶。此后，我日复一日地坚持了好几年，先后获得了中华人民共和国职业分类大典1800种职业之一的“初级茶艺师国家资格五级”“中级茶艺师国家资格四级”“高级茶艺师国家资格三级”的证书，还获得了初级、中级和高级评茶师的职位。

我和几位韩国人、欧美人一起学习中国茶。学了一段时间基础知识以后，我们联合举办了一次大型的品茶会，将中国的朋友们作为客人来招待。有一次，我在苏州的世界文化遗产“拙政园”里参加了一个中国茶品茶会，给来自世界各地的众多游客表演了如何饮用中国茶。我赞赏和感激中国官方能把如此精彩和美丽的文化遗产园林借给我们举办茶会。

我去过江苏著名茶叶“碧螺春”的产地东山，和茶农们一起从采茶到制茶，体验了整个生产过程。强体力劳动、经验和智慧三者合为一体才能完成的中国茶叶的生产制作过程，深深地感动了我这个外国人。茶农们亲切热情地为我讲解了茶的生产方法，并且招待我吃了他们亲手做的农家菜。我至今还记忆犹新，忘不了如此美味的农家佳肴。

我拜访过著名的茶壶产地宜兴。在宜兴，制壶工匠认真地给我介绍了如何制造出优雅、高品质的茶壶，并让我参观了制壶工艺及工序。我将当时学到的中国传统文化，拿到现在的日本中国茶会上向学生们进行讲解说明。

我常常会抽空访问苏州市内的各种茶馆、茶室。2005年时，有很多这样的饮茶场所，只要点了中国茶，很多食物都可以随便吃，能在茶馆里享受惬意的一整天。在这种茶馆里有很多当地的客人，热闹非常。

我还去过一些连名字都没有的茶馆，喝着爷爷奶奶们泡在盖碗里的碧螺春，耳边听着老人们说的苏州本地方言，一个人悠悠地品尝着芬芳的中国茶，放松愉悦地度过这悠闲的时光，我感到十分幸福。

当时的苏州还残留着很多古老的街道，山塘街、平江路、十全街上，至今依然还保留着的茶馆，我去过无数次。在小巷深处的茶馆里，和当地的老人们一起品茶，对于我这个外国人来说是一种非常特别的体验。一边听着二胡的演奏，或者是苏州评弹，一边品尝着中国茶，是我最美好的回忆。

当年我参加中国茶的考试时，还游览了杭州好几次。杭州西湖周围有很多受人欢迎的茶馆，环境优美，陈设雅致。正如“茶为国饮，杭为茶都”“上有天堂，下有苏杭”所说的那样，苏州和杭州都是让人流连忘返的人间天堂。

苏州名茶“碧螺春”和杭州名茶“西湖龙井”，每到春天，就一定会有友人从中国给我邮寄过来，请我品尝。

通过中国茶，我遇到了人生中的 4 位老师。其中有一位老师 2007 年去了英国，现在在广州和香港生活。2019 年的夏天，我去香港旅行，时隔十几年师生再次相聚，我们一起畅谈中国茶。从老师这里，我不仅学到了如何泡茶，还学到了美丽的中国心。即使到了现在，我都会每两年回苏州一次，去探望以前的朋友们。

利用周末和节假日，我去了中国很多的地方旅游，令我印象深刻的是北京、广州、杭州和四川省。2005 年前后的中国，还保留着很多传统的文化、建筑物和生活方式，处处有能触动我的细节。人们生活的节奏还很慢，各地都有可口的传统美食，中国菜在世界上是一流的，是可以引以为豪的，是非常棒的！

在打下了一定的汉语基础之后，我成为苏州大学的研究生，又过了两年，我获得了国际汉语的硕士学位。在研究生就读期间，我在一所国际幼儿园进行了半年的教育实践。能

毕业啦

够亲身参与中国幼儿园的国际教育，在我的人生里也是一次非常好的学习。

《侨居姑苏》

不仅如此，我取得了中国茶艺师和评茶师的资格，接受了各种媒体的采访，参加了英文报纸《上海daily》、NHK 国际广播、苏州电视台组织的演出，其他杂志也刊登了相关报道文章。我还参与编写了《侨居姑苏》这本书。

我有时会邀请中国的朋友们来家里品尝传统的日本料理，他们也是非常高兴。作为感谢我亲手做日本料理的回礼，朋友们也请我到他们的家里做客，朋友的妈妈教会了我如何包中国传统的粽子。我还从别的朋友那里学会了馄饨和水饺的制作方法。

在中国的 10 年美好时光，是与朋友们共同度过的宝贵时光。

离开中国回到日本之后，我创办了中国茶教室。开设此教室的目的，就是希望能够通过中国茶让更多的人知道中国及其优秀文化的精华。我最兴奋的事就是向从未喝过中国茶的人介绍中国茶。我开始招募中国茶教室学员，没想到马上就座无虚席了。

现在日本茶农们会使用日本茶的品种来模仿中国茶的生产方式，在日本非常流行。特别受欢迎的有乌龙茶、红茶和白茶等。我们的日本茶原本就是从中国传来的，尔后发展成为日本特有的绿茶，但现在似乎又有返回到中国茶的趋势。我的教室也聘请了日本茶农作为老师，和学生们一起生产制作普洱茶、乌龙茶和红茶等。制作中国茶难度很大，所以大家都对中国茶农的高超技术非常敬佩。

茶艺展示

大聚会

给学员们讲解茶叶产地

现在，我在爱知县和大阪都举行这样的活动：用在中国收集来的各式各样的茶具，交织着我在中国生活的点点回忆，和大家一起享受香气四溢的各种中国茶。通过茶来介绍中国的传统文化、地理、历史，实现了我一直以来的梦想——做中日之间的文化桥梁。

记得当年我还是大学生的时候，第一次与东京的一位友人去品尝中国茶。当时我就像被电击了似的震惊及感动。此后，我一个人在日本找到了一家中国茶馆，自己品尝琢磨起来。那个时候我怎么也没想到以后会在中国生活 10 年。

至今，我仍然与中国的老友们保持着联系，他们来日本旅游时，我会热情地招待他们。新冠病毒流行初期，中国的口罩一只难求，中国的朋友联系了我，我当即寄去了口罩。

品茗

他们给我发来了“雪中送炭”的感谢状。然而，时隔不久，住在日本的我，也发生了口罩告急的情况，立刻就有好几位中国朋友给我送来了口罩，正应了“山川异域，风月同天”这充满人间温情的诗句。

一个偶然的机会我去了中国，并在中国的大学里学习了汉语，又学习了中国茶艺，取得了职业资格。我从未想到过我和中国之间的缘分会如此深厚。我想我今后的人生与中国再也不可能分开了，将会有着千丝万缕的因缘。

姓名：Nkoulou

中文名：福伦帝

年龄：29 岁

国籍：喀麦隆

职业：在读博士

在中国：16 年

我是成龙的粉丝

我是福伦帝，来自喀麦隆。从 2018 年 9 月开始在上海的华东理工大学攻读管理科学与工程的博士学位。因为我有一个梦想，就是当一名教师，博士毕业以后可以回到自己的国家去教书。

1991 年，喀麦隆政府派我爸爸来北京工作，爸爸是一名大使馆高管。那时候我很小，就在北京一家法国学校上学，我们从 1991 年到 2001 年都住在中国。在北京生活的时候就对中国的印象特别好，所以我决定再次回到中国。当时我有两个选择，一个是去北京，一个是去上海，但是北京时有空气污染问题，于是我决定来上海。

上海外滩

我在喀麦隆报名，到上海海事大学学中文。到达中国的时间有些延误，中文课程已经开始两个星期了。从当年的 10 月到第二年的 3 月，我每天都在宿舍里写汉字、背单词，4 个多月后，我掌握了

1500 个单词，去参加了汉语水平考试并且通过了。其实我的中文运用起来还是不行，虽然词语背得多，但语法薄弱，不怎么会说，只能听。后来我找到一份在浙江海宁的工作，一共 25 个外国人一起去一个嘉年华做客服，有很多机会跟中国的客户交流，我正好利用这个机会提高中文水平。

同学聚会

2014 年到达中国的时候，姐姐来机场接我。飞机一落地，看到的怎么和我想象中的上海不一样？中国这几年发展太快了！一开始我因为不习惯吃中国菜，瘦了很多，而住所附近全是中餐，没有西餐。随着一天天与中餐的磨合，现在特别喜欢吃中国菜。

到上海正值秋季，我决定去采购冬装。听说上海科技馆附近有服装市场，我第二天就赶去买了一件冬天的棉衣、一件外套和一条裤子，一共花了 600 多块。后来我的一位朋友去了同一个地方买了一模一样的衣服，但是比我便宜 250 块。我有点被骗的感觉，很难过。他说因为你是新来的，一定要学会砍价！我恍然大悟，经过几次实践，现在我的砍价功夫可是一流的！

在中国，我最喜欢的就是中餐、中国电影，还有中国的风景。

中餐真是太丰富了！中国的每一座城市都有自己的特产和特色菜，口味区别很大，比如苏杭一带喜欢吃甜的，成都人喜欢吃麻辣的，宁波人喜欢吃咸鲜的……我对火锅和饺子情有独钟。

我从小爱看中国电影，尤其是功夫电影。我是李连杰和成龙的粉丝，对我来说他们两个是最厉害的。因为有他们，全世界的人都知道了中国功夫，我非常佩服他们。

这次我来中国快 6 年了，去过江苏的南京、苏州，浙江的杭州、嘉兴、海宁，最远的就是北京。我最喜欢杭州，有山有水，适合旅游、休息。我一般一年去两次，在西湖对面订一个酒店，静静地欣赏秀丽的西湖。

中国的风景很美，我尤其对古镇流连忘返，去过西塘、锦溪、朱家角、周庄、同里、枫泾、七宝、乌镇、新场……在古镇里能感受到五千年的中国，能感受到中国古老的韵味。

坐看西湖

西塘是众多古镇

中给我印象最深的，虽然是古镇，但充满了活力，荡漾着青春。西塘的桥数量众多、造型秀美，有环秀桥、狮子桥、卧龙桥、送子来凤桥……在卧龙桥上几乎能看到西塘的全景。白天安静地坐在桥上看着平静的河水流淌，晚上簇拥在喧闹的酒吧听着美妙的音乐。白天宁静如水一片诗情画意，晚上激情四射一片繁华景象。我爱西塘，爱它的静美，我爱西塘，爱它的喧哗。西塘的夜晚是年轻人的天下，不愧为中国第一酒吧古街。

中国和喀麦隆最大的区别就是，喀麦隆是一个很小的国家，而中国版图辽阔。我们比较喜欢吃肉和鱼，而中国人比较喜欢吃蔬菜。这几年中国的发展特别快，而我自己的国家几乎没有发展。

我在中国学到了很多。首先我学会了使用筷子，不会用筷子的话吃中国菜有些难度。一开始到中餐厅，我都会请服务员帮我拿一把勺子，学会用筷子之后，生活突然变得方便多了。

我跟中国朋友学会了做一些中国菜，包括包饺子！希望有一天我回到家乡，能给我的家人做中国饺子。

在中国生活真的是一段很了不起的经历。其间，我不只学会了中文，还深入了解了中国的文化，明白了一些生活上的道理。有个朋友跟我说过：如果你在中国生活过，那你接下来可以在全世界任何地方生活。我觉得中国是我的第二故乡。

姓名：Iain

中文名：伊恩

年龄：40 岁

国籍：英国

职业：NHS 心理咨询助理

在中国：1 年

一个吃货的故事

我叫Iain Paul Gutcher，翻译成中文就是伊恩。我是土生土长的英国人，我特别喜欢中国，最喜欢的就是中国菜！跟我们英国菜的区别很大。

首先我想说说吃饭的工具，因为那是最直观、最显而易见的差别。在英国，我们有大小不同的刀叉、汤勺和餐碟。在正式的场合，每换一道菜的同时，也会换一套餐具。而在中国，一双筷子就能挑起中华美食的天地。

我从小在英格兰东北部的一个小城镇长大，成长过程中并没有接触过中国人，更没有机会吃到一顿正式的中餐。所以当我和我的中国伴侣相识后，我开始接触中华料理并学习筷子的使用。那种经历既焦灼又有趣。很多时候我都想干脆用刀叉来吃中餐算了。慢慢地，我掌握了一些拿筷子的技巧，它并不是靠蛮力，要手指放松，保持关节活动流畅，再加上一点耐心。一双筷子看似简单，却能完成很多

西餐进行时

动作，可夹起、可切断、可分离、可搅拌，而这些在英国，只有左手拿叉、右手拿刀才能实现。我的伴侣使用刀叉非常熟练，这也是因为他来自大城市，以前就能接触很多西餐。希望更多西方人能开始摆脱刀叉，用筷子享受中华的美食。

另一个同样显著的区别在于用餐的“声音”。在英国，如果吃饭的时候嘴巴发出声响，会被认为是不太礼貌的行为，所以英国人用餐普遍非常安静。而中国人吃饭，包括我的伴侣在内，好像并不会遵守“安静守则”，他们咀嚼的时候嘴巴不一定紧闭，砸吧砸吧的，吃得也很快，在喝汤喝茶的时候都会发出很大的声响。一开始我很吃惊，但我完全尊重这种饮食文化的不同，我知道在部分亚洲国家，发出声响甚至是一种享受美食的表现，是对厨师和请客主人的尊重，所以现在当我们和亚洲朋友吃亚洲菜的时候，对于“大声”吃饭，甚至“狼吞虎咽”的就餐文化，我已经习以为常，甚至都会跟着做呢。

在英国餐厅，菜品是一道一道上的，一套完整的点单包括前菜、主菜和甜点（3-course meal），吃完一道撤走一道，才会端来下一道，餐桌上一般只会保留一道菜，每个人只会按照顺序吃自己盘子里的菜品。而中国的点菜上菜方式大有不同，所有的菜品会慢慢上齐，摆满整整一桌，所有人都可以尝试每一道佳肴。其实我也很享受这种不受拘束的用餐方式，因为可以想吃什么菜就去夹什么菜。大家边吃边聊，其乐融融。在中国，吃饭是人们日常生活中相当重要的一部分，甚至充当了一种社交形式，这也是我非常欣赏的一点。亲朋好友齐聚一堂，无论在家还是下馆子，不仅为了吃饭，也是为了陪伴和畅谈。和热情友好的中国饭桌相比，英国人的餐桌显得比较冷淡，出门下馆子是个比较正式的活动，彼此也不会有过多的交谈。而如果在家里吃，那就更冷清了，基本上不会同坐一桌，家庭成员用餐时间和地点都有可能不同，比如孩子会在电视机前边看边吃，而老人们会晚一点在餐桌上吃，上班族回家后随便在茶几上解决。我深刻感觉到，中国人更加懂得如何去好好地欣赏和品尝美食，并巧妙地用吃饭来拉近人与人的距离。

从食物本身来讲，我想任何人都会同意中国菜比英国菜更好吃，品种更丰富。在英国，我们也许更重视的是填饱肚子，尤其是忙碌的上班族，早餐是麦片加牛奶。午餐简简单单地用三明治草草解决，自己做的也好，超市里买的也好，只求快速吃完，至于味道呢，马马虎虎也就够了。晚餐也好偷懒，从超市里买现成的餐点，回来加热就好。你说，

英国传统圣诞大餐

这能真的好吃吗？在跟我的中国伴侣生活了这么多年后，我的饮食习惯也早已有了改变，我的午餐逐渐被包子和面条所取代，晚餐开始自己下厨，蒸米饭和炒菜成了家常便饭，就连下馆子，我们都会经常选择亚洲菜系。

我非常有幸地和我的伴侣去了两趟中国。2014 年 5 月，我们在香港庆生；2017 年的生日，我们在内地（上海、北京、长沙和武汉）度过。之前从未来过亚洲的我，十分享受这两次“文化碰撞”之旅，在伴侣的带领下见识了香港和内地的惊人发展，这里有比伦敦更多的高楼大厦，更密集的人口，更古老的历史文化。但让我印象最深刻的，还是美食和饮食文化。

我记得在香港的第一顿大餐，是在当地一家非常著名的翠华餐厅，是我伴侣推荐的。去之前我还在想，既然是著名的餐馆，那一定是富丽堂皇、高雅尊贵的场所，食客也是规规矩矩、斯文有礼。但结果和我想象的完全相反，这里人声鼎沸，热闹非凡，服务生手脚利索，和英国餐厅慢条斯理的用餐环境形成鲜明对比。餐厅面积不大，却摆满了大大小小的桌子，我们和邻桌靠得非常近。一开始我还有一点不自在，但很快就被这种文化碰撞的新鲜感吸引了。我环顾四周，每个食客都在尽情享受美食，大声又愉快地交流，表情丰富、放松惬意。突然我身后传来一声巨响，把我吓得一激灵，还以为发生了什么紧急事故。等回过神转头一看，其实是一名服务生在高声吆喝，示意刚来的食客就坐。我俩哈哈大笑。我明白了，在香港吃饭，其实就是在体验地道的市井生活，这里的交流毫无修饰，真诚自然，还必须得大声。这是我觉得非常新鲜的文化体验。要说有什么不适应的，可能还是和别人坐得太近吧。如果和邻桌到了手肘碰手肘的地步，大部分英国人可能最终还是无法接受，我们就餐的时候还是需要一定的私人空间。

第二次在内地度假，我们在短短两周时间里跑了 4 个不同的城市，也品尝到了每个地方特有的美食。从上海的宝塔肉到北京的脆皮烤鸭，从长沙的米粉到武汉的热干面，每一天都被中华美食围绕。去过米其林餐厅，也吃过街边小摊，我发现，在中国吃到的美食，和我在英国吃到的完全不一样，感觉我前面三十几年吃到的都是假中国菜。英国的中国菜千篇一律，都是经过改良的菜色，“粗暴”地将并不怎么新鲜的蔬菜和肉类配在一起弄熟，然后浇上单调的酸甜酱汁。

上海宝塔肉

北京烤鸭

每次吃中餐都让我倍加思念中国

各色包点

努力尝试吃辣

所有菜品一只手都数得过来，既不正宗也不健康，可是英国人却无比喜欢，每个星期都忍不住点一次。而我非常有幸地能在中国品尝到地道美味，新鲜的食材，丰富的调料，五花八门的烹饪方式，川鲁粤淮扬、闽浙湘本帮，我真恨不得都吃一遍。我的伴侣说，即使一日三餐都吃一份不同的中国菜，一年下来也吃不完所有的菜色。所以我恳请我那些自称特别喜欢吃中国菜的英国朋友们，都亲自来中国看看吧，这里没有英式中餐里的酸甜鸡球，没有蘑菇鸡肉饭，却有着广阔的美食世界。

正因为这里的中国菜太正宗，我想英国人并不能够接受所有的菜，特别是来自动物内脏和身体器官的菜色，比如中国朋友爱吃的炒猪肝、炒腰花，猪耳朵、猪蹄子，鸭舌头、鸭脖子，甚至是每个人都爱吃的凤爪。包括我在内的很多英国人，似乎很难迈出第一步去尝试。当然这只是习惯问题，正如日本的鲸鱼肉、澳大利亚的袋鼠肉、法国的蜗牛，在当地人看来是普通的美味，外国人还真的需要鼓足勇气去接受。不过，这并不影响我享受在中国的美好时光，不管是伴侣家人的悉心烹饪，还是我们精挑细选的饭馆小店，我吃过的每一道菜都在我的灵魂深处留下难以磨灭的印记，中国美食不仅抓住了我的胃，也抓住了我的心。

姓名：Sylvain

中文名：西拉维

年龄：31 岁

国籍：葡萄牙

职业：工程师

在中国：2 年

用摩托丈量中国

Hi，我是西拉维，现在住在南京，正在学习中文。希望以后可以在南京工作和生活，因为我爱上了南京，与这个城市有缘分。

南京有很多有故事的地方，具有代表性的比如中山陵与夫子庙，所以我选择住在夫子庙附近。这地方从白天到晚上都很热闹，有各种各样的小吃。夫子庙的夜晚最美！我第一次去的时候竟然迷失在街巷里。每一条街都看似一样，我来来回回走了很久，一边走一边欣赏美丽的中式宫灯。这些宫灯既好看，又有些神秘感。

我也常去比较繁华时尚的区域，比如去新街口走一走，买东西十分方便。南京这个城市很舒服，新老交融的文化，四通八达的交通。

当然，外国人需要一段时间去习惯另外一个国家的文化与饮食。我现在最爱的鸭血粉丝汤，第一次吃的时候完全不知道那是什么。有时候不知道也挺好，哈哈！有一次一位南京朋友请我吃饭，上来一盘白切鸡，里面赫然躺着一只鸡爪，我吓了一大跳！心里想这个东西是不能吃的吧？纠结许久之后尝试了一下，

生动的鸡爪

其实还可以，现在居然也成了我最喜欢的食物之一。朋友说我已经不是外国人了，可以算是个中国人。

从早饭开始到晚饭，从买一个东西到周围的环境……一切都是陌生的。需要慢慢了解，这个也不只是在中国，每到一个陌生的国家都会如此。

刚到中国不久，朋友约我出去参观游览。吃饭的时候，我要去一下洗手间……一分钟后我就回来了，朋友很惊讶地问："这么快？"我很尴尬地说："吃得差不多了，早点回去吧，明天一大早还有事情。"其实我是不好意思跟他说，我没有见过这样的厕所，我思考了很久，这个蹲厕要怎么使用？后来我跟一个外国朋友聊起这种蹲厕，我俩深有同感，在我们国家几乎不用这种蹲下去的马桶，的确很尴尬。这个马步功夫需要锻炼起来。

生活在中国，对我来说陌生而有趣。我住在热闹地段，回家时常常在楼下的水果店买点水果，跟店里阿姨用中文说说话。我现在跟她很熟，她知道我每天几乎都在固定的时间来买水果，买完都要跟她多聊一会儿。她特别热情，教了我很多生活窍门。第一次去买水果的时候我中文还不好，想买两个苹果，我用手指比画给她看，并用英文说："Two。"她给了我 8 个苹果……我再次伸出两个手指说："No，two。"看她的表情似乎还是没有懂。旁边一位中国大学生笑了，跟我解释说，我伸出的手指在中国是 8 的意思。后来我明白了，中国人有自己特有的数字手势，与我们欧洲不一样。现

驰骋在公路上

在我不会再错了。

我是一个热爱旅行的人，特别喜欢在大自然中骑摩托车。我来中国之前跟一些朋友打听过，自己也做了很多功课。我发现中国有很多自然风光特别美的地方，比如四川、云南、湖南。当时的我一边神游一边在心里想：如果我能够在那里骑摩托车该多好！

我为什么这么喜欢摩托车，估计是受到父母的影响。他们从年轻的时候到现在一直都在骑摩托车，每次他们俩都是一起骑摩托车去浪漫的世界旅行，留下很多幸福的照片。可以用摩托车去游历世界是很神奇的事。因此，我 18 岁就开始学骑摩托车，十分享受这种风吹到脸上，自由、舒适的感觉。心情不好的时候我也喜欢骑摩托车，这种方式能让我忘掉不快乐的事、忘掉一切。每一次骑摩托车就是莫名地开心。

我领略到中国的美丽风光之后，自己做了一个计划列表，一有空就要去这些地方骑摩托车。到中国后不久，我就去考了中国的摩托车驾照。还好考中国驾照可以选择英文。用中文考，我肯定通不过，我当时的中文水平太低了。我在南京的朋友也喜欢骑摩托车，我进入了他的朋友圈，我们都有这个共同的爱好，经常相约聚会，一起骑摩托去旅行。

就这样，我既可以骑摩托车，又可以认识新朋友，还能旅游。与此同时，我的中文水平提高得很快。我和朋友们一有空就提前计划下一次的假期行程，计划列表中的目的地越来越多。

为期 3 周的云南之旅从昆明开始，这是我最难忘的记忆。我们先到昆明借了摩托车，一路骑行去了大理、丽江和香格里拉。每天投宿在青年旅社，这里有来自不同国家的人，大家志同道合，都喜欢中国，喜欢旅游，互相交朋友，分享自己旅程中的经历和趣闻。大家沉浸在非常温暖的气氛里。

大理街头

云南的风景就像电影里的一样美，我特别喜欢大理的湖。这里空气好，东西也很好吃，就是有时候太辣，云南人喜欢吃酸辣的口味，我还是更喜欢南京菜的咸鲜口味。

在中国旅行的同时，也是在了解中国的地理和文化。每个省份的地域特色、自然风景、人文历史差别很大。每到一个新的地方，就像是一个新故事的开始。中国人很热情，我喜欢跟他们聊天、交朋友。

我也喜欢太极拳，常常能看到老人家在街上打太极拳。

山间和田野，天上和人间

他们身体健康，动作灵活，有的还会劈叉，让我很惊讶！在葡萄牙很少能看到这样的老年人，我自己肯定也不会。他们真了不起。所以，我很喜欢早上去公园一边散步，一边看着他们锻炼。

一开始我并不太知道“功夫”是什么，以为只是一种类似打架的运动。后来我慢慢明白了，有很多种不同类型的功夫，而且不完全是为“打架”，更多的是教会你如何保护好自己。中国功夫里还蕴含了很多哲学思维，包括安康和让你寻找自己的福祉，会给予自己健康的价值观，如共享、家庭、互助、善心等理念。我开始学习咏春拳。学咏春需要耐心，需要坚持。我的老师是中国人，我跟着他每周学 3 次，一边学着咏春，一边也在学中国人很重要的价值观。利用这些机会，我更多地了解到了中国人的思想。

我最喜欢中国的什么呢？有时候最喜欢的其实就是最简单的事情。比如跟水果店阿姨聊天，与楼下的保安开玩笑，和中国朋友骑摩托车，安排下一个旅游计划，和“老哥们儿”喝一瓶啤酒——青岛啤酒很好喝！还喜欢看一本关于中国的书，在中国的老街道走一走，每一次感觉到中文水平提高了……能够多跟中国人接触、交流也就是让我最开心的事。

家人和朋友都觉得我变了。我跟父母说我最喜欢吃的是鸭血粉丝汤与麻辣鸡爪。哈哈，你可以想象他们的表情。

真的很感谢我的朋友当时推荐我去中国，我以前所知的中国实在太少了。现在还是有很多人跟我当时一样，不够了解中国。希望更多的人能够来到中国，有机会深入了解这个美丽的国家以及她的文化和热情的人们。这次旅程让我打开了眼界！

我觉得我逐渐中国化了，现在回国的时候，会在吃饭时帮妈妈夹菜，让她多吃点。她非常开心，因为我以前从来不会这样做。她觉得我变得更懂事、更孝顺了。确实，离开家之后，去一个离我家乡那么远的国家，才意识到父母对我来说有多重要，也意识到要多孝顺他们，十分感谢他们一直支持我。

只有一点没有变——对摩托车与旅行的爱！去了中国之后变得更加喜欢了。我希望能够留在中国。

姓名：Martin

中文名：马丁

年龄：28 岁

国籍：德国

职业：博世中国公司实习生

在中国：4.5 年

我还不是“中国通”

我叫马丁，属猴，来自德国柏林。

在形容我自己的时候，一般不会说自己是个“中国通”，我还没到那个境界。但我去过中国好多回，一共有十多次中国内地的签证记录。

我在柏林读中学的时候就开始学中文。虽然我中文水平没有那么高，但我下定决心，这篇文章由我独立完成，不寻求任何中国朋友的帮助。

中国地大物博，有很多惊喜等待我去发现。到了一个新国家，一定要多和当地人聊天。我觉得北京和重庆的司机是最爱聊天的司机，正好我也非常喜爱聊天。我经常打滴滴，每天一上车好像同时开始了汉语口语课，与司机朋友们聊得非常尽兴。他们特别热情，每次都能让我开怀大笑。话题是无限的，从天气开始聊，聊到各自的文化特点，既能学到中文，又能学到中国文化。从他们那儿我也会知道最近城市里有什么重要的活动、新鲜事，他们都很乐意分享。

另一个影响我的经历是在厦门。厦门的出租车司机大部分是河南人，有几次还碰到了来自少林的、天天练功夫的司机师傅。他们来到厦门之后才成为出租车司机。了解到这个情况，现在每次我在厦门上车的时候都会问：“师傅，你是河南人吗？“（我当然知道不是每个司机都来自河南）如果他说“是”的话，我就会问他是不是在少林寺练过武术，因为可能性还挺大的。就这样，我好几次结识了非常厉害的“少林人”。

另一件我很喜欢的事情是在公园散步、锻炼。一路上会遇到不少锻炼身体的老人家。他们与陌生人打招呼，友好搭讪。我就是这样学习中文的，因为他们的热情和友谊。

2010 年我第一次到中国，参观在上海举办的第 41 届世界博览会。从那时开始我喜欢上了中国，慢慢地由喜欢变成了爱。

置身于大山和田野

2011 年高中毕业之后，我在香港开始了一个为期两年的专业培训，学习外贸和批发。我曾经在南京大学和厦门大学留学过一年（每个地方半年）。还在北京待了一两个月。讲求生活品质的话，我推荐厦门。那座城市很适合养老，衣食住行、山川风貌都宜人而美好。

这一段时间我在浙江杭州实习，已经半年了，所以我在中国待过的时间累计起来已经有四年多。这真是一段丰富的、美妙的经历。

在阿里巴巴杭州滨江园区活动

中国共产党革命老区长汀

春节假期，我参观了福建长汀和江西瑞金，在这两个地方比较深入地了解了一下中国文化与中国共产党的历史，觉得特别有意思。

在中国走过很多不错的地方，但是我现在还不想说最喜欢哪个，因为应该还存在更好的，让我去慢慢探寻。下次回到中国，我想去云南和四川。

在江西过年时早起练习书法

中国是一个特别安全的国家，生活环境自由舒适，这是我决定去中国的原因之一。我在柏林长大，感觉这个城市不是很安全，相比之下，我可以在中国一个人旅游、坐地铁，晚上出门见朋友们，充满了安全感。

从第一次去中国到现在，除了正常会遇到的问题，比如骗人的卖家或司机，其实碰到的困难不是很多，“杀不死你的只能让你更加强壮。”

喜爱中国的内容真的不少，甚至不需要提到悠长的历史、传统艺术、中国功夫、美丽的风景、丰富的美食，因为那些方面都是人们肯定会喜欢的。

不得不提的是中国人。我欣赏中国人的思想和价值观，很多部分与德国普鲁士（Prussia）非常类似。中国人的科学精神与努力上进，他们对家人的承诺、对国家的奉献和热爱等等，我都十分认可与崇拜。另一方面是中国的多样性跟团结（diversity combined with unity），传统与现代。我喜欢中国人热情的表达、耐心的态度，以及旺盛的好奇心，还有中国的友好司机！

练一套咏春拳

长沙美食“糖油坨坨”

中国社会的方方面面大部分跟我的国家完全不一样。令人惊讶的是，当我来到这里时，并没有受到任何文化上的冲击。恰恰相反，当我回到德国之后，我受到了一种逆向的文化冲击，因为我已经不适应家乡无聊而缓慢的生活方式。我在中国生活期间非常愉快，除了偶尔想吃德国的面包和牛奶，甚至没有想家的感觉。在中国生活更有意思，因此我决定一定要回中国去。

我也爱中国热气腾腾的日常生活。最明显的是：使用支付宝和微信的方便的生活方式，路边的小店，半夜的烧烤，用水桶和长杆笔在街上写毛笔字的老人，在公园打太极拳的人，甚至是观看大妈们的广场舞。我有点忘了第一次看到广场舞是什么时候，但是最深刻的记忆就是，有一天看到几百个阿姨穿着同样的粉色衣服，一起跳得热火朝天。

成语是中国文化的一大特色，比如“画蛇添足”“风土人情”“长命百岁”。“己所不欲，勿施于人”是我最喜欢的一个成语，因为在德语里也有同样含义的成语：Was du nicht willst, das man dir tu’, das füg’ auch keinem anderen zu.

我觉得自己的国家现在缺乏创新和现代感，使用现金真的很麻烦，网络购物也不怎么方便，应该要多学习中国。等疫情结束，我会迫不及待地回到中国！

在张家界“云天渡”，趁没游客抓紧机会拍一张！

做一回华山挑夫

姓名：Diego

中文名：迪亚哥

年龄：28 岁

国籍：巴西

职业：教师

在中国：5 年

学着在中国生活

夕阳里的黄浦江

我和中文，还真的有点故事。最初我根本没有打算学中文，虽然我一直以来都对亚洲感兴趣，但搬家到上海之后才开始对中国感兴趣。这完全改变了我的生活，也让我大开眼界，我的眼睛能够看到那么好的一个地方，让我认识了这么独特的国家。我觉得自己有学习中文的需求了，因为我想要更多地了解中国人与他们丰富的文化。一边工作一边学中文不是很轻松，以往我还是把工作放在第一位。但是，从去年开始我决定把中文放在第一位了，结果就通过了 HSK3！

第一次到上海是因为得到了一个工作机会。搬到上海前，我在荷兰，当时已经准备好了想要去另外一个国家。经朋友介绍获得在上海的工作机会之后，我的申请被接受了。

我决定去中国的时候，先买了去广州的机票。我有一位好朋友住在东莞，我打算先去她那儿玩几天之后，再坐火车去上海。当时我不知道怎么买票，不小心买了一张无座票。朋友提醒我：那可是没有座位的！我想应该没什么问题吧。她又说也许有时候会有空位子可以坐一会儿的。可我没意识到我将要站 18 个小时！所以我的中国故事就从这里开始了。

我先从东莞乘巴士去广州火车站。朋友说提前 1 个小时走足够了。可是完全错了！想想看，一个老外带着两个大箱子，跑到巨大的广州火车站大厅，一直爬没完没了的楼梯；再想想那时候是中国的夏天，我的手心全是湿的，T 恤也湿透了。

过了这第一关，现在我要去取火车票。眼前出现各种各样的队伍，很长很长。我几乎要放弃了，心里能听到钟表的嘀嗒声，火车快要出发了。我尝试各种方式努力去跟人沟通，最后终于拿到了火车票。正当我要检票进站的时候，一位保安拦住了我，说门已经关了，不让进了。我回到买票的地方，最早只能买第二天的票。

我失落极了，我深呼吸，决定先好好休息一下，找一个有 WiFi 的地方发信息给朋友。天已经快黑了，我需要尽快找一个住的地方。带着两个大箱子，有人问我要不要给他一点钱帮忙提箱子。我真的不能拒绝，我太累了，顺便也问是否可以帮我找一个便宜的地方住。火车站附近，很多旅馆不可以留宿外国人，所以要去远一点的地方。突然，一个女人拿着一沓照片给我看，是旅馆的照片，拿出一个计算器写了500。我觉得太贵了，我刚到中国，没有这个预算。因此我摇摇头继续往前走。她突然回来跟我谈价，最后以300元的价格成交。我当时的心情很矛盾，既想早点找个地方睡觉，真的没力气了，又想离这个“骗子”远点。我最终还是接受了，还好一切顺利。

第二天一早我就去了火车站，这次成功上车。还是无座，一个空座都没有。幸好我找了个地方放我的大箱子，之后的18个小时我就坐在箱子上面……我知道我肯定不会睡觉的，所以拿了一本书看了18个小时！真的是非常累的一天，但是在看书的间隙我交了一些新朋友，还跟他们一起分享食物，很热闹。

终于抵达上海，我浑身酸痛，好像已经不能走路了。幸好我预订了旅馆，坐出租直接到了旅馆。20分钟后，我在房间里洗完澡就睡觉了，那一晚睡得特别香！

我喜欢中国的风景，我的眼睛再也离不开美丽的中国。中国是一个很大的国家，千差万别的地形地貌造就了风格迥异的大自然风景。

云南的大理与丽江、甘肃的张掖与天水，还有广西的桂林与阳朔给我留下了深刻印象。云南的食物、山林，以及那里的人民，让我觉得云南就是我的天堂。偶尔想从上海这样的大都市逃离的时候，我会向往立刻飞去云南。

“我在大理古城胡同里”

挑战油炸蝎子

甘肃送给我最好的礼物就是绮丽多彩的风景：北方有沙漠，中间有雪山，南方有茂密的森林。在甘肃省境内坐火车，从车窗看出去，迤逦的风光在发生不可思议的变换。更不用说完美的彩虹山使我惊得目瞪口呆，我从没见过那么奇美的风景！

张掖彩虹山

阳朔山水甲桂林

阳朔对我来说是最可爱的地方之一。周围的山赋予了这座城市一种说不清楚的诱惑力。秀丽的山与美丽的河之间的对比，再加上这座城市的热闹喧嚣，让我十分惊讶。我去看了阳朔当地叫作“Impression light show”的演出，特别喜欢这场表演。表演之前还可以从最高的山上看到完美的日落。

我喜欢中国的人，重要的一方面是中国人真的很努力。他们对待工作可以用“奋斗”来形容。对我这个外国人来说，在中国工作是一个很大的挑战。我在这里的人际关系是从零开始的。在中国，人际关系也是非常重要的。

但当我更了解中国之后，一切都变得很顺利。在中国，人脉可以为你打开很多扇门，特别是在工作上。这种文化与我的国家不同。在巴西，复杂的关系反而会给正常的工作带来较多的麻烦，但中国是个人情社会。

中国与巴西，在职场上还存在很多其他的区别，比如在工作中遇到了点问题，我的中国同事不会直接跟我说，他们也不会抱怨；而在巴西，员工如果有什么问题都会直接找老板或者 HR 去谈。不能说所有巴西人都是这样子，但是巴西人确实比较直接。

我在公司里经历第一次放假。公司说因为是长假，所以调休两天，也就是说周六、周日员工要来上班。我非常诧异！在巴西，周末是很重要的日子，即使假期总天数不变，调换也是不行的。不过我现在入乡随俗，已经习以为常了。

关于中巴文化的差异，我发现在中国的地铁里，大人会主动站起来给小朋友让座，以示对小朋友的爱护。在巴西，人们认为年长者更需要被尊重。

我们巴西人性格奔放，说话很大声，经常喜欢热情地拥抱。我见到家人、朋友们都要拥抱一下。但是我注意到中国人不喜欢拥抱。所以去另一个国家之前，还是有不少情况要提前做功课，以免误会。

对我来说，在中国的经历与生活非常精彩。感谢中国与中国人如此欢迎我，给了我那么多的好机会。我从每一个人身上都学到了很多。无论以后我去哪里，都会带着这些知识，这些美好的回忆。希望更多的人能够来到中国，了解中国丰富的文化，认识热情的中国人，去看看中国令人目瞪口呆的漂亮风景。

大山深处

姓名：Noelle

中文名：洪娜丽

年龄：32 岁

国籍：法国

职业：汽车公司职员

在中国：2 年

“香蕉”女孩

随处起舞

我的好朋友们叫我 Neary 或 Nyny。我 32 岁，今年就要结婚啦！

我是个“香蕉女孩”，因为我是法籍亚裔，有一半柬埔寨血统，一半中国血统。

我的父母四十多年前移民到了法国，所以我是法国人。但是如果你在街上遇到我的话，不会意识到我是个法国人，因为我的眼睛是黑色的，头发是黑色的，长着一张亚洲面孔。

我出生在法国，在这个美丽的国家长大，但是我作为交换生也在中国生活了几年。

我对舞蹈（芭蕾舞、现代舞、莎莎舞、Kizomba、Bachata等拉丁舞）、音乐和旅行非常感兴趣。妈妈帮我在阿维尼翁的法国国立高等音乐舞蹈学院报名，我从5岁就开始学习舞蹈和钢琴。除了这些，我最近开始花了不少时间享受DIY手工制作。

学中文缘起于，我小时候以为自己并没有中国祖先，我那个时候很讨厌叫我“中国女孩”的小孩子。他们都不知道我的名字，就叫我“那个中国女孩”。我的父母在家里说柬埔寨语，一直对我说他们是从柬埔寨移民来的。所以别的小孩这样称呼我时，我就很生气，回答：“我不是中国人！是柬埔寨血统的法国人！”

过了几年以后，妈妈告诉我，其实我也有中国血统。她记得小时候她的妈妈唱广东歌给她听。从这个时候开始，我就更想要了解我是谁。

第二个原因：我家兄妹三人，哥哥比我大5岁。小时候我什么事情都想跟哥哥做得一样好，因为我永远都那么欣赏他。

他13岁上初中三年级时需要选第二外语课。在法国，第一外语必须学英语。第二外语，大部分的法国学生会选西班牙语、德语或意大利语。但是我们的学校是个很好的学校，课程选择比较多，除了这些语言，还可以选阿拉伯语或

我和哥哥

汉语。

目前在法国，中文学校越来越多，无论哪个城市都可以找到中文老师。但在 20 年前的法国，学汉语是非常非常少见的。因此，我觉得我们其实很幸运。

记得有一次妈妈带我去见哥哥的中文老师，谈哥哥的学习情况。他叫 Bontemps 先生（我听到他的姓氏的时候，觉得好有意思。因为在法国，一般姓氏都没有含义。但是如果翻译这位老师的姓，意思是“天气好”，他叫“天气好先生”），他是法国人，是一位中国爱好者。

他非常善良，给我留下很深的印象，此时我更想要上他的课了。所以我上初中三年级时就不假思索地选了汉语作为我的第二外语。

古代汉语课对我来说难极了，但文化课很有意思，而我最喜欢的还是语言课。因为一直在法国生活，我迫不及待地想去中国旅游，和中国人交流，更了解我的血统。直到2009年，我21岁时才第一次去中国。记得到达中国的第一天，坐上出租车，我非常非常兴奋！我忙个不停地一路拍街景，跟司机师傅说话，练习中文。

意大利语、西班牙语和法语有很多相似的单词，语法好像也差不多。但学中文的话，发音、声调、拼音……什么都要背起来，语法也有特别的规则，所以我觉得中文是一种比

鸟瞰云南的梯田

较难的语言。我学了5年多，在台湾和内地待了几年，但是说起普通话来，还是有很重的口音。幸好，拼音对外国人来说很有帮助。

发音是难的，但是最难的还是写汉字，因为需要耐心，早期要一直练习写，一边写一边念出来，这样比较有利于记忆。

对我来说，交朋友是学中文最好的方法。我在法国上大学时没有任何中国朋友，所以得想办法交中国朋友。怎么才能跟中国人直接交流呢？我后来找到了一个语言交流的网站。我在网上跟网友聊了几年，而且我们在中国还见面了！我们一起吃饭，一起出去玩，我的语言水平越来越好，进步很快！

还可以用追剧的方式学中文。我上大学时很喜欢看台湾的连续剧。听音乐或去KTV唱歌也很有用。我讨厌声调，说话时就随意地读声调，结果发现我慢慢说中文的时候，人家听不懂，但是如果说得快一点，反而被他们理解了，哈哈！

2010年，我在台湾读书，在彰化师范大学当交换生。在这个小城市里，根本没有外国人。那时我和男友是全大学仅有的两个外国人，所以我的中文进步很快。

2011年，在研究所读书的第二学期我回到中国内地，这次是去实习3个月。因为我希望将来能组织活动，所以决定在杭州法语联盟申请实习。所有人都来欢迎我，都对我很好，非常友善，我留下一个非常好的初印象。而且杭州这个城市那么漂亮，我喜欢在西湖边散步、看花，兜游龙坞茶村，那里的生活那么舒适、那么愉快。

2012 年是我学习的最后一年，我还有机会再当一次交换生。我在台北的台湾大学读了一年书。台大跟彰化大学不一样，外国学生好多，城市很热闹，夜市非常大！这一年，我的中文稍微有进步，但是没有第一次去台湾时进步得那么多。因为我的朋友大部分是外国人，跟他们出去玩时就一直说英语或法语，但是我收获了友情，没有遗憾。我现在还跟他们保持联系，并且邀请了他们参加我今年的婚礼！在那儿的生活应该是我这辈子最开心的体验。

毕业后，我在法国开始工作，但是心里一直想再回中国生活。所以，2014 年我来到武汉 PSA Peugeot Citroen（神龙汽车公司）工作。不到一年，我就被公司派到上海办事处上班。

2016 年，为了和家人及男朋友团聚，我应聘去法国雪铁龙总部工作。但其实我非常舍不得中国。回法国后我的中文水平越来越差了，我根本不想忘记我所学的一切。所以当跟我的老友梅洛（本书主编）聊天的时候，她推荐给我一些中国的 App。注册之后，我不仅可以练习中文，还可以跟中国网友们分享我的 DIY 手工创作！

我在上海的工作岗位属于东风雪铁龙中国总部的市场部。一天的工作从早上 9 点开始到晚上 6 点。有时候出差、开会或参加一些活动。一般来说 9 点先看看邮件，写回复，再参加会议；10 点半跟同事下楼喝一杯星巴克的咖啡，交流一下，再回办公室写报告；12 点半直接在楼下的餐厅吃个饭，有时候，我们会去外面吃比较好吃的午餐；1 点半左右回办公室继续写报告。有时候跟中国同事合作，一起开会，准备 PPT 或者帮助他们翻译一些法文资料，有时候也需要与领导以及法国同事开会。

说到“领导”这个词，刚开始我有些不适应，因为在法国不会用这样的词。我们称呼人家的名字就好，不带姓，直接用名字。

在中国刚开始工作的时候，听到同事用职位称呼人，我有点惊讶。比如说，用“领导、部长、总经理”来称呼，而不用他们的名字。我起初不想照着做，因为觉得我们都是平等的，所以决定用他们的英文名字。但是我发现有时候中国同事不知道其他同事的英文名字，只知道他们的中文名字，所以我慢慢开始记住所有人的姓和岗位。这个过程我花了一年多时间。现在我终于习惯了，而且我觉得这样入乡随俗比较容易跟中国同事交流。

我喜欢下班后跟朋友集合，在外面吃个饭，享受上海的热闹。

在武汉神龙汽车公司工作时，我发现身边所有的同事都有一个很特别的习惯——午睡。

我的同事们一般 12 点钟去吃饭，吃饭速度好快，可能才花 10 到 15 分钟，然后就回到办公室自己的位子，坐在他们的工作椅上睡个午觉。我在武汉第一天上班看到同事这样休息，真的很吃惊，也觉得有点尴尬。两三个星期后，我开始考虑是不是也学着他们的样休息一会儿，后来我居然喜欢上睡午觉，算是个好习惯吧！

在法国，人们没有这个习惯。在法国时，一般来说我们全团队一起下楼，花 1 个小时左右吃午餐，再一起喝一杯咖啡。这个时间算是放松的时间。当然，有时候是讨论工作的内容，但有时候也谈私人的事情。我跟要好的同事午餐时常常闲谈、开玩笑。虽然有繁重的工作，但是我们互相间更深的了解、良好的关系带来很快乐的气氛，对提高工作效率也非常有益。

我在法国的工作内容与在中国不同。我回法国属于雪铁龙总部的公关部门，负责国际公关协调，安排国际活动，让记者了解我们的新车型、新产品、新服务。

这个工作非常适合我的性格，我也因此常常在国外出差，跟很多同事合作，与很多不同国家的人一起开会，去处理各种特别情况等等，非常有意思。我在这个岗位待了 3 年半，学到了很多的东西。

我现在换了岗位，很想念之前的那份工作，但是那份工作很累，压力很大，常常需要加班，有时候甚至没有时间吃饭，特别是有活动的时候。比如，每当安排国际试驾的时候，我们每天 6 点起床，凌晨 1 点才回酒店房间睡一会儿，6

点又要起床，连续 3 个星期从礼拜一到礼拜天每天这样，整个晚上都在工作，工作强度可想而知。

很多外国人包括中国人在内，都以为我们在法国工作比较轻松（1 个星期工作 35 个小时）。但其实根本不是这样的，一般会超过 40 个小时。可能是因为在法国工作机会比较少，所以法国人很努力地工作，也常常为了完成他们的任务加班。一天下来，我下班后就没有力气出去吃饭了，通常直接回家，随便吃点，看看新闻，再去睡觉。我会在周末去看望家人，没有那么多时间跟朋友聚会，可能一或两个月一次而已。

我现在身在法国，但最想念的是在中国的朋友们。一些外国朋友，他们那么喜欢中国，以至于一直延长工作合同以便待在中国。我觉得在国外很容易能交到新朋友。而在自己的国家，生活风格不一样，大家有自己的家人，下班后直接回家。我们在国外，因为没有什么家人跟我们在一起，就会常常在外面吃饭，跟朋友见面。

我也想念中国非常方便的一些服务和工具，比如说：想去哪就去哪！有几个既方便又便宜的方法。第一个是打车，用滴滴打车或者直接在路上招手拦车就行，这真的带来一种自由的感觉。在法国现在有 Uber App，所以比以前好一些，但还是挺贵的。在巴黎坐地铁的话，也算方便的，但是大部分的地铁站很旧、不干净，去郊区还是不便，因为车次少一些。去其他城市的火车票不是按照距离定价的，而是根据供需情况，跟机票一样。圣诞节想回家乡的话，要是不提前订票，火车票会非常非常贵。我认为这样的经营方式不公平。

另外一个例子是支付宝和微信。这两个 App 真的改变了中国人的生活方式。不需要带钱包出门，扫一扫就可以付钱。真的很想念这些 App！

压轴要说的当然是中国菜，北京烤鸭、鱼香茄子、烧烤……，还有中国的饮料——奶茶！我不太会做中国菜，所以很少吃到中国特色。还好在巴黎能找到地道的中国饭馆，我一有机会去巴黎，就会找找好吃的中国菜！